DESPERTE!

É TEMPO DE FALAR EM PÚBLICO

TANIA CASTELLIANO

DESPERTE!

É TEMPO DE FALAR EM PÚBLICO

João Pessoa, 08.11.97

Ana Augusta

EDITORA RECORD
RIO DE JANEIRO • SÃO PAULO

CIP-Brasil. Catalogação-na-fonte
Sindicato Nacional dos Editores de Livros, RJ.

Castelliano, Tania
C344d Desperte! É tempo de falar em público / Tania Castelliano. – Rio de Janeiro: Record, 1997.

1. Fala em público. 2. Oratória. I. Título.

97-0764 CDD – 808.51
CDU – 82.085

DISTRIBUIDORA RECORD DE SERVIÇOS DE IMPRENSA S.A.
Rua Argentina 171 – Rio de Janeiro, RJ – 20921-380 – Tel.: 585-2000

Impresso no Brasil

ISBN 85-01-05011-3

PEDIDOS PELO REEMBOLSO POSTAL
Caixa Postal 23.052
Rio de Janeiro, RJ – 20922-970

Sumário

Prefácio

Há pessoas que nunca se conformam com o estado das coisas. Assim é Tania Regina Castelliano. Nascida no Rio de Janeiro, iniciou sua vida acadêmica na Pontifícia Universidade Católica de Salvador, no curso de Artes Plásticas. Ingressou em Licenciatura de Desenho e Plástica na Fundação Mineira de Artes Aleijadinho em Belo Horizonte. De volta a sua cidade natal, formou-se em fonoaudiologia pela Universidade Estácio de Sá.

Foi a partir daí e no tratamento dos mais diversos tipos de pacientes e patologias — inclusive deficientes auditivos, através da leitura labial — que Tania percebeu que estava no caminho certo, que era essa a sua vocação e que falar é, antes de tudo, uma arte: *"A experiência com meus pacientes, no consultório, me fez avaliar o maior dom que Deus deu ao Homem. O poder da palavra."*

Mas se é uma arte, como então poderia ser transmitida para outros? O fato é que todos nós temos a aptidão para falar em público, só que alguns desenvolvem prematuramente e de forma natural essa habilidade, e a grande maioria precisa ser incentivada a desenvolvê-la. E através da leitura, de aulas e de treinamento essa habilidade está ao alcance de todos!

A história de *Fernão Capelo Gaivota* ampliou profundamente seus horizontes. Tania captou como ninguém o sentido desta belíssima obra de Richard Bach, que eleva o espírito do homem e toca a alma dos inconformados com a rotina do dia-a-dia! Tania descobrira um dom divino — o poder da palavra falada — mas até então guardara só para si. Como o personagem da obra de Bach, sentia profundamente a necessidade de transmitir seus conhecimentos para ajudar os outros. A partir daí, abandonou suas raízes e saiu Brasil afora fazendo palestras e ministrando cursos de oratória.

Para viver em sociedade, em conjunção com o próximo, é preciso saber se expressar. A incapacidade de transmitir idéias, pensamentos e sentimentos nos cria, dia a dia, enormes dificuldades, seja no amor, seja nos negócios ou nas relações pessoais. A todo momento somos chamados a nos pronunciar e a incapacidade de fazê-lo nos faz sentir frustrados acarretando, por vezes, toda ordem de mal-entendidos.

Na vida profissional, o medo de falar em público cria uma barreira intransponível, limita os horizontes e serve de freio para o sucesso e o reconhecimento do público. Tania sabe disso mais do que ninguém. Ficou gravado em sua memória a frase de Leonardo da Vinci: *"Nada mais triste do que ser Homem e não saber o que é o Homem."* Muitas vezes não conhecemos nossas capacidades e somos levados a acreditar nas limitações que a sociedade nos impõe. Incomoda-lhe profundamente ver mentes brilhantes perecerem sem deixar nenhum legado à sociedade por não saberem derrubar a barreira da comunicação. Grandes talentos relegados ao esquecimento simplesmente porque não souberam vencer a barreira verbal que separa o reconhecimento do anonimato.

O medo, quando racional, pode até ser visto como uma virtude, pois nos mantém atentos e nos ajuda a permanecer vivos. Já o medo de falar em público é talvez o maior medo da humanidade — dizem até — maior que o medo da morte. É imanente ao homem e não podemos conceber suas raízes. É um medo irracional, e como tal deve ser combatido. Certamente jamais o venceremos, mas precisamos saber dominá-lo para que não se torne um obstáculo intransponível às nossas aspirações.

Nos dias de hoje, quando a palavra de ordem é aldeia global, onde a mídia e os meios de comunicação em geral desenvolvem papel cada vez mais importante e onde prevalece o estado democrático de direito, saber comunicar-se, saber falar diante de uma platéia é uma necessidade premente. Antevendo tudo isso, já nos dizia o filósofo francês Woolf: *"No futuro da democracia, quem não tiver a capacidade de se exprimir por si próprio terá apenas, formalmente, o direito de intervir, mas nunca o exercerá na prática!"*

Agora, com o lançamento do livro *Desperte! É tempo de falar em público,* Tania vê a possibilidade de alcançar um universo maior de pessoas, despertando-as para a necessidade de controlar o medo e a ansiedade de falar diante de uma platéia. Mais do que um aprendizado, este livro é uma lição de vida, uma lição de otimismo e de incentivo que exorta o leitor a derrubar esta muralha invisível que é o medo de falar em público, esse estorvo que carregamos desde a infância. Ao longo da leitura temos o afã de gritar, veementemente, que estamos aqui, que existimos, que, por favor, nos escutem! Afinal de contas, se Deus nos deu um dom tão precioso, tão rico e inestimável, não usá-lo seria, no mínimo, um pecado. Não usá-lo é manter as correntes que atravancam nossas vidas e nos impedem de estar em perfeita sintonia com o universo.

Marcus Maia Mello
Promotor de Justiça de Alagoas

Agradecimentos

Profusos agradecimentos a Richard Bach, que me envolveu claramente com *Fernão Capelo Gaivota*, quando suas palavras maviosas tocaram não só meu coração, mas também fluíram em minha mente, contribuindo assim para alguém que estava determinada a não se contentar em viver com migalhas de pão. Assim como Jonathan, eu tinha um objetivo: Vencer a Ignorância!

À minha professora de dicção, Irani Gonçalves, que no meu caminhar acadêmico fez-me atentar, com sua docilidade e simplicidade, a ficar com os ouvidos atentos para a importância da arte de falar, na conquista da comunicação verbal.

Ao SEBRAE-PB, na pessoa de Fernando Leal, que acreditou em meu trabalho.

A todos os meus alunos dos cursos: "Como Falar em Público", "Dicção", "Melhorando o atendimento ao cliente através da comunicação verbal pela troca de aprendizado".

Aos pacientes do consultório que souberam entender minhas ausências temporárias e que, fielmente, me apoiavam no retorno.

À Empresa de Correios e Telégrafos de Maceió e João Pessoa.

Meu agradecimento maior a meu Mestre, companheiro do silêncio das madrugadas, que contribuiu para que este livro chegasse até você. O maior de todos os oradores e o mais humilde dentre eles: ***Jesus Cristo.***

Dedico a você
pela descoberta
do potencial adormecido,
acabando com o medo de
falar em público.

Aos meus filhos:
Júlio César e Vítor Hugo P. Castelliano.
E a minha adorável neta:
Maria Eduarda Rodrigues Castelliano.

Desperte!
É Tempo de Falar em Público!

Caro Leitor:

Aprender a falar em público faz parte da arte de viver bem.
Em primeiro lugar, devemos colocar amor em tudo que fizermos. Onde estiver o amor, estará também a presença de DEUS. Isso significa que agiremos de maneira nobre, dignos de comunicadores de sucesso.

O livro de Richard Bach, *Fernão Capelo Gaivota*, foi o início de um despertar em minha vida, para começar a querer falar em público. E foi lendo que me dei conta de que:

QUERIDO PAI, A GENTE SONHA!

Nós temos sonhos. Queremos voar, voar muito além... Mas, na maioria das vezes, os nossos pais são os maiores responsáveis por impedirem nossos vôos. Talvez por excesso de zelo e carinho, não se dão conta de que teremos que estar preparados para o vôo mais alto: o vôo da vida. E por isso nos limitamos a vôos rasantes. O erro é limitar o SER, não o façam.

O que havia de errado com Jonathan, a gaivota? Ela não queria sobreviver na mediocridade, em ter que viver na busca de migalhas de pão. Para ela, só comer não era a razão de viver. A glória de viver era voar. Seu objetivo era o saber. O aprendizado do vôo perfeito. VENCER A IGNORÂNCIA! Foi então que me deparei com a realidade da dificuldade de falar em público.

Mas a vida é uma incógnita, e o desconhecido é o futuro. Será por isso que temos tanto medo do futuro? Medo do desconhecido? Medo de quebrarmos paradigmas?

Ao lançarmos nossas idéias, nem sempre elas serão compreendidas e entendidas pelas pessoas que nos cercam. Será o nosso fracasso, ou devemos ter persistência? Nem sempre as pessoas estão abertas e preparadas psicologicamente a ouvir e receber novas idéias.

Ouvir é uma arte tão difícil quanto a arte de falar em público.

Mas, dependendo da maneira pela qual usamos a nossa voz, em nossa comunicação verbal, ou seja, uma voz melodiosa, com palavras doces e suaves, ou ainda uma voz opaca, fria, cheia de arrogância no tom, ela poderá nos levar a submergir ao fundo do rio, ou a emergir sem ir correnteza abaixo.

Quantas pessoas ficam opacas, sem luzes, deixando de reluzir em sua profissão, ou até mesmo no convívio de amigos ou familiares por medo de falarem... Não nos importamos em gastar dinheiro com a aparência, estudando gramática, caligrafia, o que é louvável. Mas e a voz? São poucas as pessoas que se matriculam num curso de oratória, para terem uma voz mais harmoniosa, uma pronúncia correta e mais melodiosa.

Parece que ninguém gosta de se preocupar com aquilo que mais fazemos na vida:

FALAR E OUVIR

Creio que a vida para você signifique mais que dormir e comer migalhas de pão e ter uma posição na sociedade.

Este livro é dedicado a você que aspira despertar sua potencialidade. Seja profissionalmente, afetivamente ou como SER HUMANO, através do poder que há na sua comunicação verbal. O quanto você é capaz de falar com autenticidade, sinceridade, honestidade, derrubando assim a topofobia e vencendo prontamente a procrastinação.

A GLÓRIA É TENTAR! É LUTAR! É VENCER!

Cito como exemplo de perseverança uma crítica que sofri na ESG — Escola Superior de Guerra. Naquela ocasião, eu participava de um ciclo de estudos em que o grupo me elegeu relatora e oradora. Fiquei extremamente envaidecida ao ser indicada por 14 homens para liderá-los. Mas a falta de preparo, conhecimento do assunto, domínio do auditório causou-me uma cegueira, onde não conseguia enxergar ninguém, e ao mesmo tempo o chamado "branco" tomou conta de mim. Tudo isto, é obvio, causou-me grande transtorno e constrangimento perante o grupo. Um dos participantes disse:

— Você foi um fracasso! Que decepção!

Abaixei a cabeça, respirei e respondi:

— Fracasso maior são vocês, que, como homens, não tiveram a coragem de passar por tudo que passei. Mas prometo que *transformarei este fracasso em sucesso*.

Comecei a pesquisar sobre oratória e sobre todas as personalidades que falavam em público, e o resultado foi que me tornei instrutora de cursos e palestras, transformando o meu "fracasso" em "sucesso".

Amigo leitor, a *crítica* não pode aniquilar você em nenhuma área de sua vida. A crítica é para aquelas pessoas determinadas a ouvir e dispostas a derrubar as adversidades para *vencer.* Nem sempre o nosso barco estará à deriva pelas palavras. Enquanto houver esperança dentro de nós, ninguém poderá destruir nossos sonhos.

Deleite-se com o livro, tendo a certeza de que colocará estes exercícios em prática, pois quem vive de teoria não cresce. E a técnica mais difícil você começa a aprender agora: *Não perder a naturalidade*.

Tenha a coragem da gaivota e voe como a águia.

Tania Regina Castelliano

CAPÍTULO

1

A Arte de Falar em Público

"É preciso primeiro aprender a usar a cabeça para depois usar as palavras."

Tania Castelliano

A arte de falar em público é saber encantar um auditório pela palavra falada. É deixar marcas indeléveis até mesmo em um só coração. É conseguir os suspiros, as lágrimas e risos. Enfim, é conseguir os aplausos finais do coração.

Na verdade, falar em público é, muitas vezes, um teatro, em que a pessoa que está se expondo tem que ser um grande ator ou atriz. Como dizia o Pe. Monte: *"O coração é meu, pode sofrer. Mas o semblante é do próximo, portanto deve sorrir."*

Um auditório exige de você: **apresentação, postura, conhecimentos, convicção, fluência, entusiasmo, sinceridade, honestidade, criatividade, gesticulação, naturalidade, pontualidade e, acima de tudo, seriedade.**

Qualquer pessoa poderá tornar-se um grande orador ou oradora, conforme nos mostra a história dos grandes mestres da arte de falar em público. Demóstenes foi uma criança fraca, débil e doente, que tinha o apelido de Magricela. Mas observando Calistrato, entusiasmou-se pela oratória. Tamanha era sua força de vontade em aprender a falar em público que, para não sair de casa e ficar treinando, raspou metade da cabeça. E com tamanha dedicação e determinação, ficou ensaiando a voz e a gesticulação até que seu cabelo voltasse a crescer normalmente.

Cícero, o maior dos oradores, tinha que conviver com problemas sérios de estômago. Era magro e fraco. Chamado de Grão-de-Bico, e por repudiar esse apelido disse: *"Darei celebridade a meu nome."*

Foi um jovem brilhante que não desperdiçava nenhum estudo ou saber. Acreditava em que o melhor mestre do orador era a pena. Escrever sempre. Cícero e Demóstenes treinavam infatigável e incessantemente como Fernão Capelo Gaivota, personagem de Richard Bach.

Hoje sabemos que a oratória está ao alcance de todos, desde que dispensemos algum tempo para colocar a teoria dos livros em prática, com todas as técnicas e recursos de que dispomos.

Desperte esta criatura viva interior, adormecida, que há dentro de você, quebrando a muralha do medo de falar em público. Determine a quebra desse paradigma e agradeça a DEUS pelo presente que lhe fora dado ao vir ao mundo: *O poder da palavra falada através de sua voz.*

É imprescindível dedicar-se aos seguintes aprendizados:

Comunicação Verbal
Respiração Diafragmática
Relaxamento
Voz
Dicção
Habilidade, Humildade, Flexibilidade
Motivação e Entusiasmo
Gesticulação
Carisma
Aparência e Postura
Microfone
Olhar
Palavra e Estilo

1.1. Comunicação Verbal

É a verbalização entre seres humanos racionais, exteriorizando idéias e sentimentos através da fala, à fim de permitir uma interação social de indivíduo a indivíduo.

> *"Qualquer homem é capaz de falar com autenticidade, mas com ordem, prudência e comedimento poucos o conseguem."*
>
> Montaigne

Há pessoas que falam para si, esquecendo-se da platéia. Alguns são frios e repugnantes. Outros confusos, austeros, opacos, monótonos e sem vida. Já outros são claros, convincentes, simpáticos e carismáticos. Na maioria das vezes somos julgados pela nossa maneira de falar. É quando as pessoas vão tirando conclusões sobre nossa formação social, profissional, cultural e espiritual. Embora algumas pessoas estejam preocupadas com aparência, estética, beleza, roupa etc. não se dão conta de que é falando que nossa personalidade se revela. Caso você queira uma impressão favorável a seu respeito, saiba que a melhor forma é a maneira pela qual você fala. Aprender a falar faz parte da arte de viver bem. O Pe. Antônio Vieira dizia que *"o estilo de falar e escrever devemos copiar das estrelas. Deve ser tão claro e tão límpido como um céu estrelado"*.

> *"O importante é não parar de questionar.*
> *A curiosidade tem sua própria razão para existir.*
> *Uma pessoa não pode deixar de se sentir reverente ao contemplar os mistérios da eternidade, da vida, da maravilhosa estrutura da realidade. Basta que a pessoa tente apenas compreender um pouco mais desse mistério a cada dia. Nunca perca uma sagrada curiosidade."*
>
> Albert Einstein

Se você pode refletir o que sente em palavras, então FALE!...

> *"Em uma sociedade em que a palavra falada substitui por toda a parte a palavra escrita, torna-se indispensável ensinar esta ciência da voz humana como se ensinam as boas maneiras."*
>
> A.Wicart

1.1.a. Vocativo

É o seu primeiro contato com o público. **A saudação.** Inicie sua fala com um vocativo breve. Mas lembre-se dos vocativos protocolares que deverão iniciar primeiramente com a saudação do presidente da mesa ou representante das entidades. Exemplo:

Ilustríssimo Senhor Presidente da Entidade...
Senhor representante...
Senhoras e senhores...
Amigas, amigos, colegas...

Ilustríssimo senhor presidente...
Demais autoridades ou membros da mesa....
Senhoras e senhores...

Na defesa de tese ou mestrado:
Magnífico Reitor...
Catedráticos ou titulares...
Professores, estudantes...
Senhoras e senhores...

Quando se fizer presente o Presidente da República ou o seu representante:

Excelentíssimo Senhor Doutor... ou
Excelentíssimo Senhor Representante do Presidente... Dr...
Demais autoridades...
Senhoras e senhores...

1.1.b. Formas de Tratamento

Autoridades do Estado	Por escrito	Pessoalmente	Abreviatura
Civis Presidente da República	Excelentíssimo Senhor Presidente da República	Vossa Excelência	V. Ex.ª
Promotor	Excelentíssimo	Vossa Excelência	V. Ex.ª
Militares	Excelentíssimo Sr... (patente)	Vossa Excelência	V. Ex.ª
Oficiais, Generais até Coronéis			
Outras patentes	Senhor (patente)	Vossa Senhoria	V. S.ª

Autoridades Eclesiásticas			
Papa	Santíssimo Padre	Vossa Santidade	V. S.
Cardeais	Eminentíssimo Senhor	Vossa Eminência	V. Em.ª
Arcebispos e Bispos	Reverendíssimo Senhor	Vossa Excelência Reverendíssima	V. Ex.ª Rev.ma
Abades e superiores de conventos	Reverendíssimo Senhor	Vossa Reverendíssima	V. Rev.ma
Outras autoridades eclesiásticas e sacerdotes em geral	Reverendíssimo Senhor	Vossa Reverendíssima	V. Rev.ma

Autoridades Monárquicas			
Reis e Imperadores	Sua Majestade Real Sua Majestade Imperial	Vossa Majestade	V. M.
Príncipes	Sua Alteza Imperial Sua Alteza Real Sua Alteza Sereníssima	Vossa Alteza	V. A.

Outros Títulos			
Dom	Digníssimo Dom	Vossa Senhoria	V. S.ª
Senadores da República	Excelentíssimo Senhor Senador	Vossa Excelência	V. Ex.ª
Ministros de Estado	Excelentíssimo Senhor Ministro	Vossa Excelência	V. Ex.ª
Governadores de Estado	Excelentíssimo Senhor Governador	Vossa Excelência	V. Ex.ª
Deputados Estaduais e Federais	Senhor Deputado Excelentíssimo	Vossa Excelência	V. Ex.ª
Prefeitos Municipais	Excelentíssimo Senhor Prefeito	Vossa Excelência	V. Ex.ª
Embaixadores	Excelentíssimo	Vossa Excelência	V. Ex.ª
Vereadores	Senhor Vereador	Vossa Excelência	V. Ex.ª
Cônsules	Senhor Cônsul	Vossa Excelência	V. Ex.ª
Reitores de Universidade	Magnífico Reitor	Vossa Magnificência	V. Mag.ª
Chefes das Casas Civis e Militares	Excelentíssimo Senhor Chefe	Vossa Excelência	V. Ex.ª
Diretores de Autarquias Federais Estaduais e Municipais	Senhor Diretor	Vossa Senhoria	V. S.ª
Judiciárias Desembargador de Justiça	Excelentíssimo Senhor Desembargador	Vossa Excelência	V. Ex.ª
Juízes de Direito	Excelentíssimo Senhor Juiz	Meritíssimo Juiz	M.Juiz
Curador	Excelentíssimo Senhor Curador	Vossa Excelência	V. Ex.ª

1.1.c. Etiqueta

É a arte das boas maneiras e dos bons costumes. Um conjunto de regras, normas, estilos e hábitos que dão à vida diária uma harmonia com a sua elegância e distinção. Um conjunto harmônico de **atitudes, palavras, gestos, postura, fisionomia e aparência**. Traduzindo uma relação com o **eu** exterior e interior de cada indivíduo, nos adaptando naturalmente a qualquer ambiente.

1.1.c.1. Etiqueta Protocolar

É o conjunto de regras e tradições preestabelecidas que rege o comportamento em ocasiões oficiais.

Presidência da República
Gabinete Civil
Secretaria de Imprensa e Divulgação.

Das normas do Cerimonial Público.
Da presidência:

Art. 1º. O Presidente da República presidirá sempre a cerimônia que comparecer.
Os antigos chefes de Estado darão lugar logo após o presidente do Supremo Tribunal Federal, desde que não exerçam qualquer função pública — neste caso a sua presidência será determinada pela função que estiverem exercendo.

Art. 2º. Não comparecendo o Presidente da República, o Vice-presidente presidirá a cerimônia a que estiver presente. Os antigos Vice-presidentes da República darão lugar logo após os antigos chefes de Estado, com ressalva prevista no parágrafo único do artigo 1º.

Art. 3º. Os ministros de Estado presidirão as solenidades promovidas pelos respectivos ministérios.

Art. 4º. A precedência entre os ministros de Estado, ainda que interinos, é determinada pelo critério histórico de criação do respectivo ministério, na seguinte ordem: Justiça, Marinha, Exército, Relações Exteriores, Fazenda, Transportes, Agricultura, Educação e Cultura, Trabalho, Previdência Social, Aeronáutica, Saúde, Indústria e Comércio, Minas e Energia, Planejamento e Coordenação Geral, Interior e Comunicações.

Quando estiverem presentes personalidades estrangeiras, o ministro de Estado das Relações Exteriores terá precedência sobre os chefes dos Estados-maiores, Armada e do Exército. O dispositivo no presente parágrafo não se aplica ao ministro de Estado em cuja jurisdição ocorrer a cerimônia.

Nos Estados, no Distrito Federal e nos Territórios o governador presidirá as solenidades a que comparecer, salvo as dos Poderes Legislativo e Judiciário e as de caráter exclusivamente militar, nas quais será observado o respectivo cerimonial.

Quando para as cerimônias militares for convidado o Governador ser-lhe-á dado o lugar de honra. No respectivo Estado, o Governador, o Vice-governador, o presidente da Assembléia Legislativa e o presidente do tribunal de Justiça terão, nessa ordem, precedência sobre autoridades federais.

A precedência entre os governadores dos estados do Distrito Federal e dos Territórios é determinada pela ordem de constituição histórica dessas entidades, a saber: Bahia, Rio de Janeiro, Maranhão, Pará, Pernambuco, São Paulo, Minas Gerais, Goiás, Mato Grosso, Rio Grande do Sul, Ceará, Paraíba, Espírito Santo, Piauí, Rio Grande do Norte, Santa Catarina, Alagoas, Sergipe, Amazonas, Paraná, Acre, Distrito Federal, Amapá, Fernando de Noronha, Rondônia, Roraima e Tocantins.

Nos municípios, o prefeito presidirá as solenidades municipais. Em igualdade de categoria e precedência, em cerimônias de caráter federal, será o seguinte:

1. *Os estrangeiros*
2. *As autoridades e os funcionários da União*
3. *As autoridades estaduais e municipais.*

1.1.c.2. Etiqueta Profissional

É o comportamento no trabalho de funcionários em relação aos superiores, subordinados e público em geral.

1.1.c.3. Etiqueta Social

São regras essenciais para a convivência em sociedade. É a arte da comunicação em festas, recepções e comemorações.

Sempre apresenta-se o homem à mulher. No entanto, em se tratando de um dignitário civil ou religioso, a mulher deverá ser apresentada.

Apresenta-se uma pessoa mais moça a uma pessoa mais idosa, a menos importante à mais importante, e a solteira à casada.

A mulher deverá estender a mão, antes que o faça o homem que lhe foi apresentado, assim como o mais importante deverá estender ao menos importante. No entanto, se a pessoa apresentada se limitar a um outro cumprimento, deverá ser correspondido do mesmo modo. Exemplo: ligeira inclinação da cabeça.

O convidado de honra, numa recepção de cerimônia, é apresentado a todos os convidados e deverá ficar ao lado da(o) anfitriã(ão), à entrada e em pé.

Há várias formas de comunicação: **jornais, revistas, na empresa, televisão, radiofônica, militar, científica, política, popular, política em recinto fechado, parlamentar, forense, certos anúncios, porém a mais efetiva é a *comunicação verbal*.**

Toda fala, palestra, sermão, conferência, discurso, alocução tem de ter **início, meio e fim.**

Não aborde mais de três assuntos num único tema. Na Bíblia há uma passagem em que quando Jonas converteu os ninivitas, ele abordou um único assunto. Durante quarenta dias, pregou um único assunto — *A submersão da cidade*. É muito comum os palestrantes abordarem quarenta assuntos em quarenta minutos de palestra.

O semeador lançou somente trigo quando saiu a semear. Se tivesse lançado outras sementes junto com o trigo, nada colheria.

> *"Quando pessoas da mesma índole se encontram, já isto não é terra, é céu."*
>
> Machado de Assis

1.2. Respiração Diafragmática

> *"Para cada esforço disciplinado há múltiplas recompensas."*
>
> Jim Rohn

É a respiração correta para quem quer fazer uso da voz como instrumento de trabalho. É o alicerce do sucesso, propiciando a você segurança, tranqüilidade e equilíbrio emocional, e assim controlando a tensão durante seu discurso.

Ao mudar sua fisiologia, ou seja, a sua postura e maneira de respirar, você estará mudando seu estado emocional e suas representações interiores e automaticamente estará mudando a maneira de falar. A respiração diafragmática ao dar controle absoluto em seu estado emocional será o alicerce para aqueles que desejam falar em público.

O linfologista Dr. Jack Shields afirma que uma profunda expiração diafragmática funciona como se fosse um vácuo aspirando a linfa através da corrente sanguínea, purificando assim o sistema linfático. Conseqüentemente, esse processo estará levando mais oxigênio ao cérebro, dando assim um domínio maior daquilo que se está falando, acabando com a topofobia.

O diafragma é o poderoso músculo em que descansam as bases dos pulmões, encontrando-se na sua extremidade inferior os intestinos e o estômago.

Exercícios

1. Encoste-se na parede, ou deite-se para tomar conhecimento de sua postura. Coluna reta.
2. Coloque suas mãos abaixo das costelas flutuantes e feche os olhos.
3. Inspire pelo nariz e solte o ar pela boca.
4. Quando você estiver expirando (**soprando**), retire todo o ar do diafragma.
5. Quando estiver inspirando (**respirando**), pelo nariz, jogue o ar direto para o diafragma, evitando inflar o peito.

Faça os exercícios, diariamente, repetindo dez vezes.

A voz é produzida pela vibração das cordas vocais e se encontram localizadas na laringe. Ela depende do equilíbrio da entrada e saída de ar. Quando inspiramos, as cordas vocais se abrem. Quando expiramos (**falamos**) a musculatura vibra dando-se o processo da fonação. Através da compressão dos pulmões, a musculatura força a saída de ar onde obrigatoriamente ele passa por um alto-falante natural que é a nossa laringe, boca e nariz, o qual chamamos de cavidade supraglótica. Na cavidade da boca, a língua, os dentes, as bochechas, os lábios e as fossas nasais pertencem ao sistema ressonancial. Os exercícios de vibrações nas cavidades ressonanciais irão permitir a amplificação do som e uma boa colocação da voz para que esta esteja ao alcance de todos.

Exercícios

Inspire pelo nariz e expire vocalizando as vogais:

Insp. Exp. Á ÁÁ ÁÁÁ
Insp. Exp. Â ÂÂ ÂÂÂ
Insp. Exp. É ÉÉ ÉÉÉ
Insp. Exp. Ê ÊÊ ÊÊÊ

Insp.	Exp.	I	II	III
Insp.	Exp.	Ó	ÓÓ	ÓÓÓ
Insp.	Exp.	Ô	ÔÔ	ÔÔÔ
Insp.	Exp.	U	UU	UUU

A vogal pode ser alongada ou abreviada.

Ela é importante na inflexão da voz, no colorido, na percepção ou forma da palavra.

Repita as frases, articulando bem todas as vogais na boca.

1. O baile do embaixador será ao entardecer do dia dois de janeiro.
2. O louro peixeiro limpou um linguado com um facão.
3. Cortei os caules das papoulas com uma tesoura.
4. O carteiro deixou cair a carta no canteiro de dálias.
5. No outono vindouro, visitarei o pintor paulista em seu atelier.

Não fale com a boca fechada, com o nariz, com o peito, com o fundo da garganta, com a flor dos lábios. Articule bem as palavras!

"Não o fizemos nem do céu nem da terra,
Nem mortal nem imortal,
Para que possa, com o livre-arbítrio e com honra,
Como se fosse o criador de si mesmo,
Moldar sua vida em qualquer forma que preferir.
Pelo julgamento de sua alma você tem o poder
de renascer nas formas superiores, que são divinas."
— *Discurso de Deus a Adão, na oração sobre a Dignidade do Homem. De Pico Della Mirando*

1.3. Relaxamento

O relaxamento é diferente da relaxação. A relaxação é a distensão das fibras musculares. O relaxamento é diminuir a tensão mental. Ele é indispensável para educar sua respiração.

1. Sentado, deitado ou em pé, coluna reta, braços estendidos ao longo do corpo. Olhos fechados. Inspirar pelo nariz, prender a respiração por cinco tempos — expirar (**pela boca**), soltando o ar lentamente.

2. Sentado, ou em pé, inspire pelo nariz e vá girando lentamente seu pescoço, até o ombro esquerdo, **expirando**. Pare de girar o pescoço, **inspire** e volte **expirando**, até o eixo do corpo. **Pare**, inspire e vire o pescoço lentamente, expirando para o lado direito. **Pare**, inspire e retorne ao eixo do corpo, expirando. Repita cada exercício cinco vezes.

Capítulo 2

Voz

"Se um bom samaritano tivesse ficado nas boas intenções, nós nunca ouviríamos falar dele."

Margareth Thatcher

"Devemos desejar uma bonita voz, mesmo que não dependa de nós possuí-la, dependerá de nós cultivá-la."

Cícero

A voz é a expressividade da alma. É o som produzido pela vibração das cordas vocais. Através da voz, passamos todo nosso equilíbrio sócio-cultural. Ela é a nossa personalidade sonora, expandindo nossos sentimentos.

Quando Sócrates diz: *"Fala para que eu te veja"*, está nos colocando dentro da máquina de raios X. Ficamos transparentes expondo nosso pensamento, nosso sentimento, nossa alma e nosso ser.

Em algumas ocasiões, ao nos depararmos com um homem ou uma mulher com a aparência impecável, ficamos tão maravilhados pelo visual até que comecem a falar. Que frustração! A voz se contrasta com a bela aparência.

Algumas pessoas gastam dinheiro com a aparência, com o aprendizado da língua portuguesa, com a caligrafia, o que é louvável. Mas não se preocupam com a pronúncia e a melodia da voz. No entanto, o que mais fazemos neste planeta é FALAR E OUVIR.

É preciso trabalhar a voz, para que a sua mensagem tenha veracidade, veemência, entonação, brilho, colorido, entusiasmo. Uma voz sem vida, por mais lógico que seja seu pensamento, com certeza não prenderá a atenção de ninguém.

O Pe. Antônio Vieira, grande mestre da oratória, faz uma citação, em um dos seus discursos fascinantes, sobre voz, que diz:

> *"A nuvem tem relâmpago, tem trovão, tem raio. O relâmpago para os olhos; trovão para os ouvidos; raio para o coração. Com o relâmpago, clareia; com o trovão, assombra; com o raio, mata, mas o raio fere a um; o relâmpago a muitos e o trovão a todos. Assim tem que ser a voz. Um trovão do céu, que assombre e faça tremer o mundo."*

Procuremos melhorar as qualidades da voz com: altura, colorido, expressividade, impulso, sonoridade, intensidade, ressonância, velocidade e volume.

> *"Tudo que alarga a esfera dos poderes humanos, que mostra ao homem que ele pode fazer o que pensa que não pode, é valioso."*
>
> Ben Jonson

Exercícios

1. Trabalhe o colorido, a percepção e sentimento das palavras, marcando as pausas na sílaba tônica.

Exemplo: MARA**VI**LHA — FELICI**DA**DE.

2. Eleve a voz nas consoantes finais, pois a maioria das pessoas têm o hábito de deglutir todos os **R** e **S** no final das palavras, além de, na maioria das vezes, cortarem a palavra ao meio. Exemplo: **Estou — Tô / Estava — Tava.**

Só a articulação perfeita pode dar à palavra **clareza**, **energia** e **veemência.**

> *"A palavra certa é um grande agente poderoso. Sempre que encontramos uma dessas palavras in-*

tensamente certas... o efeito resultante é físico e espiritual, além de imediato."

Mark Twain

Repita as palavras abaixo, forçando nas consoantes finais:

abrir	—	olhos
julgar	—	cartas
olhar	—	modas
mostrar	—	amostras

3. Ressonância

Amplifique seu equilíbrio ressonancial.

Exercício: Solte o som pelo nariz de boca fechada, movimentando a língua.

OMMMMMMM................................
BOMMMMMMM.............................
MOMMMMMMMM.........................
TOMMMMMMMMM.......................
SOMMMMMMMMM.......................
KOMMMMMMMMM......................
LOMMMMMMMMM.......................
VOMMMMMMMMM.....................
ZOMMMMMMMMM.......................
NOMMMMMMMMM.....................
GOMMMMMMMMM.......................
FOMMMMMMMMM.......................

Repita as palavras, destacando a vogal do som nasal:

Congo	Concho	Conto
Pango	Poncho	Pombo
Lombo	Longo	Langor
Sonho	Sondo	Bonzo
	Monto	Zombo

Pompom	Bombom	Ponom
Pomposo	Bondoso	Monjolo
Concordo	Contorço	Tômbolo

4. Treine os exercícios 1, 2, 3, juntamente com a gesticulação:

"Sem abrir os olhos
Sem olhar o mundo
Sem sorrir
Sem se mostrar
A gente fica impossível
Qualquer um fica invisível"
(G. Franco — Diana Mazzur)

2.a. Modulação da Voz

Uma voz melodiosa dá prazer a quem ouve.

1. Trabalhe a respiração diafragmática, contando lentamente de 1 a 10.
   Repita três vezes.

2. Inspire profunda e lentamente, e contenha a respiração durante cinco segundos. Solte lentamente.

3. Abrir bem a boca e fechá-la lentamente.

   Repita durante dez vezes.
   Respire e solte o ar repetindo as vogais, **A, E, I, O.**
   Repita o exercício, aumentando o volume da voz nas vogais.

4. Repita a palavra **MARAVILHA**

Voz baixa e suave,
Voz normal e
Voz alta.

5. Exercício articulatório:

"A articulação é o desenho da dicção."

Coquelin

Repita o fonema inicial seguido do restante da palavra.
Em seguida repita a palavra, bem articulada.

Este exercício vai auxiliar as pessoas que têm dificuldades em pronunciar grupos consonantais:

B — rau	**B** — reu	**B** — riu	**B** — roa	**B** — rua
BRAU	BREU	BRIU	BROA	BRUA
C — rau	**C** — reu	**C** — riu	**C** — roa	**C** — rua
CRAU	CREU	CRIU	CROA	CRUA
D — rau	**D** — reu	**D** — riu	**D** — roa	**D** — rua
DRAU	DREU	DRIU	DROA	DRUA
F — rau	**F** — reu	**F** — riu	**F** — roa	**F** — rua
FRAU	FREU	FRIU	FROA	FRUA
G — rau	**G** — reu	**G** — riu	**G** — rou	**G** — rua
GRAU	GREU	GRIU	GROU	GRUA
P — rau	**P** — reu	**P** — riu	**P** — roa	**P** — rua
PRAU	PREU	PRIU	PROA	PRUA
T — rau	**T** — reu	**T** — riu	**T** — roa	**T** — rua
TRAU	TREU	TRIU	TROA	TRUA
LAV — rado	LIV — reiro	LIV — rinho	LIV — ROU	LUV — re
LAVRADO	LIVREIRO	LIVRINHO	LIVROU	LUVRE

Pronuncie corretamente, trabalhando a ponta da língua, as palavras abaixo:

Prato	Preto	Primo	Proa	Prumo	Trama
Praga	Prego	Privado	Prova	Prudente	Trapo
Praça	Pregue	Princesa	Provou	Prumado	Traga
Prata	Preço	Prisão	Prosa	Prupru	Trata

Plaquê	Plasto	Planeja	Plasmar
Plágio	Platinar	Plagiar	Planejar
Plantar	Planger	Pranchar	Pleiteia
Prelos	Pleroma	Explosão	Explodir
Explorar	Cêntuplo	Plumas	Quíntuplo
Plumar	Plumacho	Plutarco	Plutão
Plúvio	Plúmbeo	Pluvial	Plumagem

Pronunciar rapidamente, evitando atropelar as sílabas:

- Trás, três, tris, trós, trôs, truz, trema, tremi, tremei, trenó.
- Num prato de trigo comiam três tigres.
- Um tigre, dois tigres, três tigres.
- A planta germinou para ser uma planta.
- Plumilha é uma pequena pluma para adorno.
- O planalto durante a explosão ficou repleto de poeira.
- Providencie primeiro uma prensa.
- O príncipe vê um capréolo correndo nos prados.
- As plantas daquela plantação permanecem repletas de espinhos, por simples plantio pluvial, na plácida planície perto do planalto.
- É um exemplo, o templo que é o quíntuplo do plenário em que se reúne parte da equipe no pleito do plebeu que implica com os aplausos da platéia.
- Muita gema comeu Gamelia Cremer.
- O trovão trovejou na madrugada fria de Petrolina.
- A trave de ferro tremia em frente da praça Petrópolis.
- O promotor prepotente provocou a platéia.
- O problema apresentado trazia transtorno ao tradutor.
- O príncipe presenteou a princesa com o prato de prata.
- Trágica e tétrica tragédia lúgubre repercute por bairros inteiros.

- Traguei três tragos torvos na taverna do tigre.
- Comprei poucas capas pretas perto da praça Petrópolis.
- O preceptor da princesa primogênita presenteou o procurador com um prato de prata precioso e sem preço.
- O prior pressente o prestígio do príncipe que é prestativo e pretende dar proteção ao presidente que presencia a pressa da princesa durante a prece.
- Lá em cima daquela serra há uma arara loura. A arara loura falará? Fala arara loura.
- Debaixo da pia está o pinto. Toda vez que a pia pinga o pinto pia.
- Pilhei pingues ponchos para preparar.
- Chove a chuva chata.
- O real Raul louva Laura.
- Lava e leva a lata tal para lá.
- Atrabiliário turvo, o tribucío tribucínio.
- Trova perfídia torturou o coração de Raul.
- Pinga a pia, pinga o pinto.
- A aranha arranha a jarra, a jarra arranha a aranha.
- Rita rema, Publio pula, Pedro prega e Mauro malha.
- É muito socó, para um só socó socar.
- Lá vem o velho Félix carregando o velho fole, tanto fede o velho Félix como fede o velho fole.
- Eis um ninho de magafagafos com sete magafagafinhos, quem os desmagafagafizer, bom desmagafagafizador será.
- Uma rua paralelepipezada por um bom paralelepipezador, quem a desparalelepipezar, bom desparalelepipezador será.

"Sem conhecer a força das palavras, é impossível conhecer os homens."

Confúcio

Articule as Palavras Exageradamente

Acariáceo	Acaríase	Álamo
Acatalepsia	Agaricácea	Amimará
Acataléptico	Agaloadura	Afuistuado
Afluxo	Acatamatesia	Aforismático
Acroá	Aiúba	Arapapá
Acaustobiólito	Airibetê	Aipixurna
Auiti	Acionopsia	Arapinaxame
Accionaria	Acochilhar	Auíba
Acautelatório	Acetabulária	Acrisolado
Auí	Achincalhação	Acurau
Acaixotais	Acrisolado	Actnomancia
Adjudicatário	Aeolotrópico	Aerícola
Aerognóstico	Agaricácea	Agarrochar
Agnóstico	Agnostozóica	Agoniza
Aguaraponda	Aguaraquiá	Aloftálmico
Aguaraquiá-Açu	Augurai	Araratucupi
Araracangaçu	Arapopó	Aiuruapara
Aiurucatinga	Aiurujuba	Aizoácea
Ajurucuruna	Ajurucuruca	Aljubacanga
Ajururé	Alabastro	Alanguidar-se
Albardarão	Alcaptonúrico	Alcoólatra
Ebanista	Ebuliômetro	Eborário
Iabá	Iaca	Oaiana
Oanaçu	Obacatuara	Uaca
Uacaçu	Uaçaí	Uiruucotim
Uauçuzal	Uarirana	Uaiúa

Repita as frases articulando bem a forma das vogais na boca:

- Ararás apanham na mata: ancas, aratanhas, aramás, aratanás, ararapás, aramatás, arapapás, araguaguás, aramandais, araracangas.

- As mancas vacas malhadas pastavam na valada da campanha.
- Tenente Esteves embebe bem sementes verdes de bem-me-quer que recebe de Celeste, que mexe e remexe serelepe o rebenque.
- Zé e mequetrefe, pé de lebre, serelepe leve, quer neve, celebre, mexe e remexe.
- Jipis, jiquiritis e jitiranas vicejam entre as jipiocas.
- Tinir tintins, tirintintim e chins chinfrins, tinir cricris, quiricricris.
- Rififi do piquiribi viril chicrim o tinguimirim do inimicíssimo do pirlimpimpim.
- O tom monótono do monólogo provocou gostoso sono.
- O zoólogo tomou o polvo do zoófobo.
- Ouço-vos no longo e monótono monólogo.
- Cruuuuuuu.......Cruuuuuuu.....Cruuuuuuuu................ No fundo mucurrú.
- O grugru dos murutucus, mutus, tuputus, jucus, jurubus e urumutus, aves no lusco-lusco mumbugurulu.
- O gluglu do urubu no furrundu do murundu.
- O zunzum dos urucus no mucurungu.

Nomes Próprios:

Abagtá	Abiail	Abias	Abdi	Abnadabe
Acaz	Adalia	Aiezer	Arão	Admata
Adulão	Aimaás	Aitube	Anrão	Atai
Assuero	Aridata	Asafi	Azarel	Azarias
Azmavete	Baraca	Bedias	Berias	Benaia
Benjamim	Binéi	Bizta	Bocrie	Carcas
Carsena	Coate	Coroá	Dã	Dalfom
Davi	Debir	Dodai	Ebiaquim	Efraim
Elão	Elcana	Eleasá	Eleazar	Eder

Elnaão	Elpaal	Elifaz	Elisenai	Eszabade
Esbaal	Esdras	Ester	Estemoa	Farmat
Gade	Gérson	Giilalai	Hanã	Hadassa
Hanani	Harbona	Hebrom	Hegai	Hilém
Hilquias	Hosaías	Ismael	Izael	Iziraias
Jaasiel	Jaata	Jaerá	Jair	Jatir
Jeozadaque	Jeremias	Jeroão	Jeoza	Joiada
Joela	Judá	Maai	Maarai	Mali
Malquisua	Malaquias	Meres	Maluque	Micael
Moza	Matanias	Meumã	Mus	Mecaias
Maribêbaal	Marsena	Mesulão	Miniamim	Milalai
Mismana	Milalai	Naate	Naftali	Netael
Ocrã	Pagiel	Pedaías	Pelete	Piton
Porata	Quelui	Quis	Quenaaná	Quisi
Salomão	Samuel	Salum	Sambalate	Semaá
Semaías	Seraías	Setar	Simei	Sinei
Sofonias	Susã	Taate	Taréia	Tarsis
Teres	Toá	Uzá	Uzi	Uziel
Vaizata	Vasti	Vel	Zacarias	Zacur

2.1. Dicção

É a qualidade da voz falada.

> *"A maestria da articulação depende da maestria da leitura em voz alta."*
>
> Georges Canuyt

Após ter treinado os exercícios do capítulo anterior, leia o texto com inflexão, palavra cronal, sentimento, colorido, respirando nas pontuações e com **entusiasmo**, dando alma à riqueza desta crônica.

Do alagoano, em quem inspirei-me no tempo de estudante, em minha cidade natal — Rio de Janeiro. Em memória do Senador Teotônio Vilela a um Homem que marcou a nossa história na comunicação — Assis Chateaubriand.

Chateaubriand aquietou-se, impulsionou a cadeira de rodas, foi-se embora. Hora de ir, teria proclamado Ascenso Ferreira.

E assim, só assim se foi Francisco de Assis Chateaubriand Bandeira de Mello, o mais eloqüente elogio da vida que o Brasil já produziu.

Como soube amar voluptuosamente toda e qualquer manifestação de beleza que significasse parcela de engrandecimento do país.

Viver como viveu é glória nacional que enriquece o continente. Não é que fosse santo, puro ou imaculado. A medida de sua grandeza só pode ser aferida através dos atos que plantou e cultivou. Pois é sabido que não foi dos mais fiéis cumpridores dos mandamentos da lei de DEUS *e nem terá sido padrão das Obras da Misericórdia. Até que muitas vezes, dentro de sua genialidade, passava por cima desse código de Ética cristã com certo requinte de ignorância infantil. Apegado de corpo e alma às grandes reformas de seu tempo, era sem dúvida algum apóstolo do ecumênico na Terra e talvez um anônimo pecador do céu.*

Conservador por amor à arte e à tradição — quem mais do que ele revolucionou neste país com iniciativas ousadas tidas malucas, no sentido de uma reforma robusta, de uma erradicação profunda dos nossos métodos de trabalho, de viver, de pensar, de desenvolver as chamadas potencialidades nacionais? Se houver um autêntico subversivo neste país, o "dedo-duro", devia indicar Assis Chateaubriand. Dele se disse o diabo de bom e de ruim. Já afirmei que não tinha nada de santo. O mal que por ventura tenha feito, é o mesmo mal do lenhador que derruba árvore gigante para plantar o frágil pé de milho. E se outros pecados mais graves pesam sobre sua alma romântica, é que Chateaubriand possuía a visão monolítica dos obstinados: só enxergava as coisas na sua *concepção global. Mesmo quando falava mal de alguém ou de algum fato. A verdade é que, na sua fúria construtiva, não tinha tempo a perder com a mediocridade do mal em si mesmo.*

Vestido de couro, de casaca, de farda ou manga de camisa — essas indumentárias não são simples retrato de parede — como é a Itabira de Carlos Drummond de Andrade. São trajes autênticos de sua feroz ganância de viver o Brasil. Da corte de sua majestade britânica ao Museu do Couro, em Feira de Santana, interior da Bahia; da tribuna do Senado Federal a uma plantação de algodão no interior paulista; da sua eterna máquina de escrever a um comício político na Paraíba; da Academia Brasileira de Letras a um estábulo no Rio Grande do Sul; da chefia dos "Diários Associados" à campanha de grupos escolares; do Museu de Arte Moderna a uma corrida de mourão — Francisco de Assis Chateaubriand Bandeira de Mello jamais deixou de ser homem de personalidade integral e infrangível. Dividia-se nos afazeres, nunca falseou à nobre condição de um só herói de tantas aventuras.

Viver era tudo para Chateaubriand; ao mesmo tempo dialogava com a morte dentro das rodas, imobilizado e ria da sua própria postura infantil, cercado de babás por todos os lados. Só chorava de emoção diante dos grandes espetáculos que promovia pelo desenvolvimento do país. A morte secou as canelas para apanhá-lo; de cada diálogo com o Velho Capitão, via-o partir de novo, furando cerco, mar afora, na sua incrível nave de rodas. O jagunço das caatingas da Paraíba acostumava-se ao xique-xique, à coroa-de-frade, ao alastrado, à macambira, às trilhas invisíveis dos bichos miúdos — e ei-lo outra vez em público, desmoralizando a morte, falando no papel, abraçando e beijando os amigos. Quem neste mundo terá vivido tanto e, com ele, exercido as mais diversificadas atividades reprodutivas. A impressão que a gente tem é que a rigidez das horas enfraquecia em suas mãos; fazia do tempo que necessitava, inclusive para os gastos de boêmio e homem da sociedade. Com aquela escandalosa energia de tigre a serviço de uma inteligência genial sacudiu a pasmaceira, marcando a nossa história com páginas que ficarão para sempre.

Hoje os "Diários Associados" não trazem mais os seus artigos.

O homem da terra, pouco ou nada cuidava do Céu. Parece que a terra era o princípio e o fim de suas aspirações. Por onde andará Chateaubriand?, eis o que me faz brutalmente perplexo. Talvez correndo por este Brasil afora, numa versão erudita do Negrinho do Pastoreio.

(A civilização do zebu e a civilização do basset — *Teotônio Vilela*)

2.2. Habilidade, Humildade, Flexibilidade

"Reaja inteligentemente mesmo a um tratamento não inteligente."

Lao-tsé, Tao Te King

Habilidade

Dois irmãos, Herbert e James, viviam com a mãe e um gato chamado Edgar. James era particularmente afeiçoado ao gato e quando teve de sair da cidade por vários dias, deixou a Herbert instruções detalhadas quanto à maneira de cuidar dele. No fim de seu primeiro dia fora, James telefonou ao irmão:

— Como está Edgar? — perguntou.

— Edgar morreu — respondeu Herbert.

Segue-se uma pausa. Então James disse:

— Herbert, você é um insensível. Sabe como eu gostava do Edgar... Devia ter dado a notícia aos poucos. Quando perguntei por Edgar devia ter dito: "Edgar está no telhado, mas já chamei os bombeiros para o tirar de lá." Amanhã quando eu telefonasse de novo você diria que os bombeiros estavam com dificuldade de tirar o Edgar do telhado, mas que havia ***esperança*** de que eles conseguissem. Então quando eu telefonasse pela terceira vez, você me diria que os bombeiros tinham feito o possível, mas infelizmente Edgar caíra do telhado e estava no veterinário. Então quando eu telefonasse pela última vez, você diria que embora se tivesse feito tudo por Edgar, ele tinha morrido. É assim que uma pessoa sensível me teria dado a notícia. E antes que eu esqueça — acrescentou James — como está mamãe?

— Bom — disse Herbert, após um momento de silêncio —, mamãe está no telhado.

(Ronald Reagan. Editado por Jame S. Perton Reader's Digest. *Seleções* — agosto de 1990)

A **habilidade** na comunicação verbal, a maneira pela qual você trata as pessoas, é mais importante do que seu **conhecimento técnico**.

O nosso sucesso na comunicação não é o simples resultado dos nossos conhecimentos técnicos. Ele representa a quarta parte do nosso potencial. As outras três quartas partes representam habilidade no tratamento com as pessoas, sem conseguir irritá-las ou confundi-las.

Não desprezemos nossos conhecimentos técnicos, a ponto de ficarmos atados a ele, pois sem desenvolver a habilidade para tratar com as pessoas, você fracassará em qualquer atividade.

Nem sempre o tema que temos em mãos vai ao encontro do interesse da platéia. É preciso usarmos um vocabulário simples; coloquial, que transporte essas pessoas a momentos que vivenciem suas experiências de vida e que estejam presentes ao tema de sua palestra. A palavra deve representar a tradução de seu pensamento. Selecione seu vocabulário com carinho, tornando sua fala magistral.

Evite a redundância, pois ela provoca o ridículo. Tenha um dicionário sempre a mão para que você possa ter um vasto conhecimento de sinônimos.

Toda palavra é **polissêmica**, rica em significações. A palavra MARAVILHA é cor, prodígio, coisa milagrosa, planta da família das nictagináceas, espécie de empada, primorosamente etc.

O grande Rui Barbosa, em um de seus discursos, empregou a palavra chicote em mais de duas dezenas de acepções.

Tenha cuidado com a **perissologia**, que é a repetição de pensamento. Ela aborrece aos ouvintes. Soube que você foi seqüestrado. Imagine você seqüestrado... Fiquei preocupado quando me disseram que você foi seqüestrado... Ser seqüestrado! Quando soube que você foi seqüestrado, fiquei realmente preocupado, porque ser seqüestrado é uma preocupação...

> *"A linguagem humana é como uma chaleira rachada na qual tiramos melodias para ursos dançarem, quando durante o tempo todo estamos querendo comover as estrelas."*
>
> Gustave Flaubert

Humildade

> *"Creio que o primeiro teste de um homem verdadeiramente grande seja a humildade."*
>
> John Ruskin

A humildade caminha lado a lado com o carisma. É a única forma que conheço para uma perfeita comunicação verbal. Mas a humildade não significa ser subserviente, como também ser flexível signifique ser idiota.

Um visitante que observa a construção de uma catedral pergunta a um pedreiro:

— O que está fazendo?

— Estou cortando as pedras — respondeu.

Depois, pergunta a um cristaleiro:

— Estou trabalhando nas janelas.

Dirigiu-se então ao operário mais humilde da obra que neste momento passava com um carrinho cheio de areia e pergunta:

— E o que você faz?

— Ajudo a construir a catedral.

A grandeza de ser nobre em sua vida está na dignidade de como você se vê em relação aos homens mais humildes, sem desprezá-los. ***Não seja arrogante***. Muitas vezes, por orgulho e arrogância, percorremos caminhos que não nos levarão a lugar algum. Mas se tivermos a humildade de aprender com a vida, o que ela nos coloca em nosso caminho, saberemos respeitar e entender o que significa ***Cultura***, ***Educação*** e ***Escolaridade*** de cada indivíduo.

> *"O melhor soldado não ataca. O lutador superior vence sem violência. O maior dos conquistadores vence sem esforço. O gerente mais bem-sucedido dirige sem impor. Isso é chamado não-agressividade inteligente. Isso é chamado superioridade dos homens."*
>
> Lao-tsé, Tao Te King

Flexibilidade

"A pessoa que é muito insistente em seus próprios pontos de vista encontra poucos para concordar com ela."

Lao-tsé, Tao Te King

Disse o mestre budista: "Seja um bambu! É resistente por fora, macio e oco por dentro. Suas raízes prendem-se com firmeza ao solo e se misturam livremente umas às outras para adquirir força e apoio mútuo. O caule balança ao sabor do vento e se curva sem oferecer resistência. O que se curva é bem mais difícil de quebrar."

Tenha flexibilidade em sua comunicação verbal, pois as pessoas nem sempre estão receptivas às nossas mensagens. Em alguns momentos teremos que ceder em nosso posicionamento. Ceder não significa colocar em dúvida o assunto que estamos falando, e sim respeito pelo sentimento da pessoa que não concorda com o que falamos.

ASSIM MESMO

Muitas pessoas são ilógicas, desconcertantes.
Assim mesmo, dê a elas um voto de confiança.
Praticando o bem, haverá quem acuse você de
interesses ocultos, de promoção pessoal.
Assim mesmo, continue lutando.

A honestidade e a franqueza nos tornam vulneráveis.
Assim mesmo, seja honesto e franco.
Um trabalho de longos anos pode ser derrubado,
num instante pelas mãos da inveja, da ingratidão.
Assim mesmo, continue construindo, dando o
melhor de si mesmo, com desprendimento e
generosidade. Sorrindo. Amando. Servindo.

"É necessário que alguns batalhem, sofram,
construam e acreditem, sem desertar da luta,
para que muitos sejam felizes.
SER BOM AINDA É O MELHOR."

(Pe. Roque Schneider, S. J.)

2.3. Motivação e Entusiasmo

"Dê-me uma alavanca bastante comprida e um momento de apoio bastante forte, e sozinho moverei o mundo."

Arquimedes

A motivação é a alavanca que precisamos para a aquisição do entusiasmo em nossas vidas. É o segredo do sucesso, além da determinação.

"Nada há no mundo tão contagioso como o entusiasmo. É essa a verdadeira alegoria da lenda de Orfeu. O entusiasmo faz dançar as pedras e encanta as feras. É o gênio da sinceridade e sem ele a verdade não conquista vitórias."

Bulwer

O entusiasmo é o maior recurso de quem fala em público.

Creio que seja a técnica mais difícil de ser absorvida: a de criar o **hábito** do entusiasmo.

O mundo estará disposto a acreditar em você se acrescentar o entusiasmo em tudo que falar e fizer. Para que o outro acredite no que você fala é preciso comunicar-se com eficácia e entusiasmo. Mas lembre-se: **VOCÊ É A PALAVRA**.

"A palavra certa é um agente poderoso. Sempre que encontramos uma dessas palavras intensamen-

> *te certas... o efeito resultante é físico e espiritual, além de imediato."*
>
> Mark Twain

Se você não cumpre aquilo que você fala, não só estará decepcionando as pessoas, como a si mesmo.

Há coisas que não recuperamos na vida, e uma delas é a palavra empenhada.

> *"Cada momento grandioso nos anais do mundo é o triunfo de algum entusiasmo."*
>
> Ralph Waldo Emerson

Não devemos pedir para ser outro Jesus Cristo, Moisés, Einstein, Churchill, Kennedy, devemos sim aprimorar o que temos de melhor e sermos nós mesmos, criando o hábito do entusiasmo em nossos atos e em nossas palavras faladas. Ao conseguirmos este hábito estaremos vencendo uma das técnicas mais difíceis de se aprimorar.

Winston Leonard Spencer Churchill estudou no colégio Harrow, e a esperança de seus pais quase vai pela correnteza do rio abaixo. O jovem não passava de um aluno medíocre e indisciplinado. Já na academia militar de Sanchurst fez um excelente curso. Mas é como jornalista que tem seu primeiro contato com a guerra. Seus pais, Lorde Randolph Henry Spencer, sua mãe Jenny Jerome, filha do proprietário do jornal americano *New York Times*, certamente almejavam um futuro brilhante para seu filho nascido em 30 de setembro de 1874.

No seu primeiro discurso, na Câmara dos Comuns, a frase que irá tornar-se famosa: *"Nada tenho a oferecer senão sangue e trabalho."*

Embora tenha sido um fracasso no seu primeiro discurso, Churchill não desistiu. Injetou no seu segundo discurso energia e entusiasmo. Foi um sucesso redundante que brilhou no cenário britânico da rainha Vitória à rainha Elizabeth.

Aquilo que você pensa e treina hoje determinará suas ações

para o desafio do sucesso, se acrescido de entusiasmo em tudo que falar.

O orador precisa ser visto, ouvido e compreendido.

Quando você lê ou fala, a palavra de valor se destaca pelo acento intensivo, cronal, inflexão marcante da voz, e, às vezes, uma pausa que a ela se segue. O sentido da frase muda de acordo com a inflexão que você vai dar a sua voz — palavra cronal.

Treine a palavra cronal nas frases abaixo:

Jesus é o remédio para curar o meu coração.
Jesus **é** o remédio para curar o meu coração.
Jesus é **o** remédio para curar o meu coração.
Jesus é o **remédio** para curar o meu coração.
Jesus é o remédio **para** curar o meu coração.
Jesus é o remédio para **curar** o meu coração.
Jesus é o remédio para curar **o meu** coração.
Jesus é o remédio para curar o meu **coração**.

Faça uso da palavra cronal acrescida de entusiasmo e colorido.
É preciso sentir em palavras o que falamos com a alma.

INSTANTES

(Jorge Luis Borges)

Se eu pudesse viver novamente a minha vida,
a próxima trataria de cometer mais erros.
Não tentaria ser tão perfeito, relaxaria mais.
Seria mais tolo ainda do que tenho sido,
na verdade bem poucas coisas levaria a sério.
Seria menos higiênico.
Correria mais riscos, viajaria mais,
contemplaria mais entardeceres,
subiria mais montanhas, nadaria mais rios.
Iria a mais lugares onde nunca fui,

tomaria mais sorvete e menos lentilha,
teria mais problemas reais e menos problemas imaginários.
Eu fui uma dessas pessoas que viveu
sensata e produtivamente cada minuto da sua vida;
claro que tive momentos de alegria.
Mas se pudesse voltar a viver, trataria de ter
somente bons momentos.
Porque, se não sabem, disso é feito a vida,
só de momentos, não percas o agora.
Eu era um desses que não ia a parte
alguma sem um termômetro, uma bolsa de água quente,
um guarda-chuva e um pára-quedas.
Se voltasse a viver, começaria a
andar descalço no começo da primavera e
continuaria assim até o fim do outono.
Daria mais voltas na minha rua, contemplaria
mais amanheceres e brincaria com mais
crianças, se tivesse outra vez uma vida pela frente.
Mas já viram, tenho 85 anos e sei que estou morrendo.

O escritor Jorge Luis Borges morreu em 1987, na Suíça.

CAPÍTULO
3

Gesticulação

"É contornando os obstáculos que o rio chega ao oceano."

Charles Chaplin

"Neste mundo o que vale é o contato humano, o contato das nossas mãos que para um coração desolado significa mais do que o teto, o pão e o vinho; porque, terminada a noite, se vai o teto; o pão dura apenas um dia, mas o contato das mãos e o som da voz cantam na alma para sempre."

Spencer M. Tree

A gesticulação tem que ser natural e espontânea. Ela acompanha o pensamento de expressão, do sentimento da linguagem na fala, através do movimento de seu corpo. Especificamente dos braços e mãos.

Os oradores parecem ficar alarmados, pois diante do microfone ficam confusos, sem saberem o que fazer com os braços e mãos. Uns se abraçam ao microfone como se fossem cantar. Outros começam a coçar a cabeça. Outros, espontaneamente, enfiam as mãos nos bolsos e começam, involuntariamente, a brincar com algo que encontrem no bolso ou então puxam a cueca. E depois puxam outras coisas... Um verdadeiro pânico.

A gesticulação se faz necessária para intensificar a nossa mensagem, mas lembrem-se de que cada palavra tem um significado. Gesticulemos na palavra cronal e sempre na linha média da cintura para cima.

Ao iniciar sua fala use as mãos em concha, pois esta postura irá facilitar o início de sua gesticulação. Lembre-se de que a gesticulação correta do orador deixa passar uma imagem firme e confiável, principalmente se a voz vier acompanhada da gesticulação congruente à linguagem de seu corpo.

Treine em frente ao espelho a poesia de Manuel Bandeira. Movimente primeiramente a gesticulação com o braço esquerdo e em seguida com o braço direito.

Para cá, para lá...
Para cá, para lá...
Um novelozinho de linha...
Para cá, para lá...
Para cá, para lá...
Oscila no ar pela mão de uma criança.
Vem e vai...
Que delicadamente e quase a adormecer o balança.
Psiu...
Para cá, para lá...
Para cá, para lá...
O novelozinho caiu...

Manuel Bandeira

"Dê-me beleza na alma interior, que o homem exterior e interior sejam um só."

Sócrates

Devemos ter cuidado com a **gesticulação**, pois a excessividade da mesma poderá refletir uma personalidade antipática. Seja natural.

Se sua voz for fraca, acompanhada de uma gesticulação desarticulada numa mensagem, não correspondendo com a emissão da mesma, obviamente, sua mensagem não terá credibilidade. A gesticulação terá que combinar com aquilo que você diz, e sua voz tem de estar em sintonia para que a mensagem facilite seu carisma.

Na primeira noite,
Eles se aproximam
E colhem uma flor
De nosso jardim
E não dizemos nada.
Na segunda noite já não se escondem:
Pisam as flores,
Matam nosso cão,
E não dizemos nada.
Até que um dia
O mais frágil deles
Entra sozinho em nossa casa,
Rouba-nos a lua e,
Conhecendo nosso medo,
Arranca-nos a voz da garganta.
E porque não dissemos nada,
Já não podemos dizer nada.

Maiakovski

3.1. Carisma

"A pior doença do coração humano é a frieza."
Alexandre Whyte

É primordial no orador criar uma empatia com seu público. Fazer com que as pessoas gostem de você à primeira vista.

Há oradores com doutorado, Ph.D., mas que não possuem carisma e no entanto outros mais humildes, carismáticos, levam a platéia a lágrimas, suspiros, delírios, na absorção de seu pronunciamento com um final de aplausos vindo do coração.

Ao dirigir-se à tribuna, não vá como alguém que está caminhando para a forca, já com a corda no pescoço, dando a impressão que foi o auditório quem colocou esta corda. Caminhe com passadas largas. Use a respiração diafragmática com um sorriso nos lábios que, automaticamente, vai descontraindo sua fisionomia e destravando a sua articulação. Crie esta empatia.

Pessoas arrogantes quase sempre são abandonadas à sua própria sorte, pois vivem para si mesmas e ao dirigirem-se à platéia passam a sensação de que irão falar para si mesmas.

"O tempo é a imagem da eternidade."

Platão

O tempo parece uma eternidade quando estamos diante de um orador arrogante, sem vida e sem carisma. Olhamos para os ponteiros do relógio e os ponteiros parecem não querer saírem do lugar. Mas quando o orador é carismático, temos vontade de parar o relógio.

O primeiro exercício é: ***Sorria!*** Aprenda a sorrir. Ele vem nos lábios à medida que nos entregamos a ele.

O pintor da Renascença, Leonardo da Vinci, foi um dos homens mais iluminados que o planeta Terra já usufruiu até os dias de hoje. Era totalmente versátil e jamais teve o privilégio de estudar em escola particular, por ser filho bastardo. Foi encontrado em seus alfarrábios uma frase perdida: ***"CHE COSA É ANIMA"*** (*O que era a alma?*).

Hoje podemos ter um grande momento de reflexão em um de seus pensamentos, quando ele afirma: *"Nada mais triste do que ser homem e não saber o que é o homem."*

Certa feita colocou um anúncio para conseguir um modelo, pois queria retratar Jesus Cristo. Apareceram vários candidatos e dentre eles havia um jovem muito bonito. Olhos azuis, cabelos longos e encaracolados, de rosto sereno. Seu nome Pedro Bandinelli, o escolhido.

Alguns anos depois, Leonardo resolve retratar Judas. Coloca outro anúncio e lá estão vários modelos passando pela seleção. Dentre eles havia um que tinha olhos de traidor, fisionomia de pessoa fria e insensível que caracterizava Judas...

Quando o retratava, em determinado momento, inesperadamente, lágrimas começam a rolar de seus olhos.

— Por que choras? — perguntou Leonardo.

E o homem com os olhos embargados de lágrimas, e com voz trêmula, sussurra:

— Leonardo, você não me reconhece? Sou Pedro Bandinelli, aquele que você retratou, um dia, como Jesus Cristo...

Não podemos revelar em nossa fisionomia as marcas da amargura e tristeza que o passar dos anos nos deixam. Seu semblante deve sorrir, mesmo que o coração esteja sangrando de problemas diante de sua platéia.

> *"Não pode haver transformação das trevas em luz e da apatia em movimento sem emoção."*
>
> Carl Jung

Certa vez o presidente Lincoln, após receber um visitante, chamou seu secretário e disse:

— Não quero mais conversar com este homem!

O secretário surpreso com a atitude do presidente, sendo ele um homem considerado tolerante, pergunta-lhe:

— Por que, presidente?

— Não gostei da cara dele!

— Mas, presidente, o pobre homem não tem culpa da cara feia que tem!

Lincoln respondeu:

— Depois dos 40 anos, somos responsáveis pelo nosso rosto.

Há modos de falar: claros, suaves, melodiosos, simpáticos, convictos, confusos, antipáticos, austeros, repugnantes. Uns são frios, outros são envolventes.

Como não há receita para a felicidade, o que precisamos é conquistar os momentos felizes que os aplausos nos proporcionam. Assim tem de ser nosso auditório. Conquiste-o, para que no final você possa saborear a felicidade do momento do aplauso sincero. Para que esse momento aconteça, faz-se necessário o ***carisma***.

> *"A felicidade de todo homem está no desejo de ser feliz."*
>
> Abraham Lincoln

3.1.a. Homenagem ao Homem Carismático: John Lennon

"Sei que todos falam de mim. Sei que me consideram maluco e mesmo histérico. Pode ser que eu seja meio extravagante e que eles estejam certos. Mas sou feliz e estou no meu juízo perfeito."

> *"Imagine que não há países*
> *não é difícil, tente,*
> *nenhuma religião também*
> *imagine todo mundo*
> *vivendo em paz.*
> *Você pode me chamar de sonhador*
> *mas não sou o único.*
> *Espero que um dia você nos siga*
> *e o mundo será um só."*

"Acho que a juventude atravessa uma crise depressiva de drogas. Nós, os Beatles, já passamos pela fase das drogas. Muita gente passa. Mas os jovens estão desesperados. Nós tentamos dizer-lhes: *'Calma, ainda há esperanças'*.

O sonho acabou, vamos encarar a realidade. Não se drogue por não ser capaz de suportar sua própria dor. Nenhum lugar fará você se sentir um homem. Eu estive em todos os lugares e só me encontrei em mim mesmo."

> *"Um rei sempre acaba sendo morto por seus cortesãos."*
>
> John Lennon

3.2. Aparência e Postura

> *"O corpo humano é a melhor imagem da alma humana."*
>
> Ludwig Wittgenstein

A aparência e a postura são fundamentais no orador.

Seja suficientemente culto e use de sólidos conhecimentos para despertar o interesse de seu público, mas não se apresente demasiadamente fantasiado, deslumbrando seu público, como se estivesse vestido para desfilar na escola de samba.

A primeira imagem que você passa irá perpetuar na mente das pessoas por muito tempo, e, dificilmente, essa imagem poderá ser apagada, a qual é produto de sua aparência, para aquelas que o vêem pela primeira vez.

Nós nos vestimos como desejamos ser. Pelo padrão da gravata, dizem os americanos, é que o homem se revela. Já para os italianos, revelam-se pelo nó da gravata. É óbvio que todos os povos têm seus costumes, suas características e seus trajes. O vaqueiro nordestino, com seu chapéu de couro, para enfrentar o sol escaldante das caatingas, difere do mexicano, com seu imenso chapéu que contrapõe com o chapéu menor, que faz parte do folclore gaúcho.

O soldado se veste como soldado. O general como general, pois seus uniformes impõem respeito e autoridade, além de diferenciá-los na patente. Toda profissão requer uma imagem preconcebida. Sabemos que a roupa faz parte da personalidade. Por isso, enfrente a platéia de maneira sóbria no vestir-se. O homem elegante fará uso do paletó e da gravata, e a mulher das roupas clássicas. Mesmo que seu público seja de seu relacionamento, você deverá estar diferenciado em vestir-se. Tal comportamento, no **vestir-se**, significa respeito por ele.

No entanto, se você for falar para um grupo de sindicalistas em greve, por exemplo, a sua negociação, na sua comunicação, terá maior êxito se você tirar o paletó e dobrar as mangas da camisa. Para um grupo de surfistas na praia, você poderá ir de bermuda e camisa esporte.

Quanto à postura, faça uma abertura nos pés para manter a base do eixo medial do seu corpo. Mais de 45 graus de abertura, dá a impressão de defeito físico e menos de 45 graus não dá estabilidade.

Não jogue o peso em uma das pernas, pois estará comprimindo o diafragma. Ele deverá estar livre, sem compressão, para facilitar a saída de ar — **sua respiração** —, contribuindo, assim, para uma postura de humilde nobre elegante.

Cuidado com a postura de pêndulo, a platéia ficará tão tonta que acabará dormindo. As posturas de **múmia, superioridade, inferioridade, malabarista** acabarão com o seu carisma.

3.2.a. Discurso de Posse do Presidente John F. Kennedy

"Festejamos hoje não uma vitória partidária, mas a celebração da liberdade que simboliza um fim e um princípio, que significa uma renovação e uma mudança. Pois prestei ante vós e ante Deus todo-poderoso o mesmo solene juramento que nossos antepassados prescreveram há quase um século e três quartos.

Hoje o mundo é muito diferente. Porque retém em suas mãos mortais o poder de abolir toda forma de vida humana. Contudo, continuam ainda em litígio em todos os recantos do globo as mesmas crenças revolucionárias pelas quais lutaram nossos antepassados, *a crença de que os direitos do homem não emanam da generosidade do Estado, mas das mãos de Deus.*

Não ousemos esquecer, hoje, que somos os herdeiros dessa primeira revolução. Que deste momento e lugar chegue amigos aos amigos, bem como aos inimigos a notícia de que a tocha foi passada a uma nova geração de norte-americanos, nascidos neste século, temperados pela guerra, disciplinados por uma paz fria e amarga, orgulhosos de nossa antiga herança e não dispostos a testemunhar a lenta destruição dos direitos humanos a que esta nação sempre esteve comprometida e com os quais nos achamos hoje comprometidos. Que saibam todas as nações quer queiram bem ou nos desejam mal que pagaremos o preço, suportaremos qualquer encargo, enfrentaremos qualquer dificuldade, apoiaremos qualquer amigo e nos oporemos a qualquer inimigo, a fim de assegurar a sobrevivência da liberdade. A tanto nos comprometeremos e a mais ainda.

Os velhos aliados, de cujas origens culturais e espirituais compartilhamos, prometemos a lealdade de amigos fiéis. Unidos, quase nada há que não possamos fazer numa multidão de novos empreendimentos cooperativos; divididos, pouco poderemos fazer, pois não ousamos enfrentar um poderoso desafio em desacordo e separados.

Aos novos Estados, aos quais damos boas-vindas às fileiras dos livres, comprometemos nossa palavra que uma forma de controle colonial não desaparecerá meramente para ser substituída por uma tirania ainda mais férrea. Não esperaremos vê-los sempre apoiando sua própria liberdade, e recordando-se de que, no passado, aqueles que insensatamente pretenderam encontrar o poder montando no lombo do tigre terminaram inevitavelmente no seu ventre.

Aos que vivem em choças e aldeias, na metade do globo, lutando por romper as cadeias da miséria, prometemos nossos melhores esforços, para ajudá-los a se ajudarem o tempo que for preciso, não porque os comunistas o estão fazendo, não porque queremos seus votos, mas porque é justo. Se a sociedade livre não puder ajudar os muitos que são pobres, não poderá jamais salvar os poucos que são ricos.

Às Repúblicas irmãs ao sul de nossas fronteiras fazemos promessa especial — de transformar nossas boas palavras em atos bons, numa nova aliança para o progresso; de ajudar os homens e governos livres a se libertarem das cadeias da miséria. Entretanto, esta pacífica revolução da esperança não se pode tornar uma presa de potências hostis. Que saibam todos os nossos vizinhos que nos uniremos a eles na oposição à agressão e subversão, em qualquer parte das Américas. E que saiba toda outra potência que este hemisfério pretende continuar dono de sua própria casa.

Àquela assembléia mundial de Estados Soberanos, as Nações Unidas, nossa melhor e última esperança em uma era na qual os instrumentos de guerra ultrapassaram em muito os instrumentos de paz, renovamos a nossa promessa de apoio, a fim de impedir que ela se torne meramente um foro para invectivas, para fortalecer a proteção que oferece aos povos fracos e para ampliar a área em que seu mandato se faz sentir.

Finalmente às nações que se fariam nossas adversárias, não

fazemos uma promessa, mas um pedido: que ambas as partes comecemos de novo a busca de paz, antes que os tenebrosos poderes de destruição, desenfreados pela ciência, engolfem a Humanidade na autodestruição deliberada ou acidental.

Tampouco é possível, porém, que dois grupos de grandes e poderosas nações se comprazam em manter-se no caminho que seguem, ambos sobrecarregados pelo custo das armas modernas, igualmente alarmados, com razão, com a constante difusão do mortífero átomo e, não obstante, competindo por este incerto equilíbrio de terror, que freia a mão na guerra final da Humanidade.

Assim, pois, comecemos de novo recordando, ambas as partes, que a cortesia não é sinal de debilidade e que a sinceridade está sempre sujeita à prova. Não negociemos nunca por termos, porém jamais tenhamos medo de negociar.

Exploremos os problemas que nos unem, em vez de abaternos pensando nos problemas que nos dividem. Formulemos, pela primeira vez, propostas sérias e precisas para a inspeção e o controle dos armamentos e coloquemos sob o controle absoluto de todas as nações o poder absoluto de destruir outras nações.

Unamo-nos para invocar as maravilhas da ciência, em vez de seus terrores. Exploremos juntos as estrelas, conquistemos os desertos, erradiquemos as enfermidades, toquemos as profundezas do oceano e estimulemos as artes e o comércio. Unamonos ambos para escutar em todos os recantos da Terra o mandado de Isaías: '*Desfazei os pesados fardos da opressão e deixai livres os oprimidos.*'

E, caso se possa estabelecer uma cabeça-de-ponte de cooperação nas selvas da suspeita, unamo-nos ambos no seguinte trabalho: criar não um novo equilíbrio de poder, mas um novo mundo da lei no qual o forte seja justo, e o fraco se sinta seguro, e a paz seja preservada para sempre.

Tudo isso não poderá ser realizado nos primeiros cem dias, nem nos primeiros mil dias, nem mesmo durante este governo. Nem, talvez, durante nossa existência neste planeta. Contudo vamos meter mãos à obra.

Em vossas mãos, meus concidadãos, mais do que minhas, estará o êxito ou o fracasso de nossa senda. Desde que este país foi fundado, cada geração foi chamada a dar testemunho de sua lealdade nacional. Os túmulos de jovens norte-americanos que atenderam a esse chamamento pontilham o mundo.

Soa agora o clarim chamando-nos de novo. Não um chamado para pegar as armas, que necessitemos; não um chamado para suportar o encargo de um longo crepúsculo de luta, ano após ano, *'regozijando-nos com a esperança, pacientes na tribulação'*, uma luta contra os inimigos comuns do homem: a tirania, a pobreza, a enfermidade e a própria guerra.

Poderemos forjar contra esses inimigos uma aliança grandiosa e global, Norte e Sul, Leste e Oeste, que possa assegurar uma vida mais frutífera para toda a Humanidade? Unir-vos-ei a esse esforço histórico? Na longa história do mundo, somente a umas poucas gerações foi atribuído o papel de defender a liberdade em sua hora de maior perigo. Não me furto a essa responsabilidade. Recebo-a com agrado. Não creio que qualquer um de nós trocasse de lugar com qualquer outro povo ou qualquer outra geração. A energia, a fé e a devoção que empregamos nessa empresa iluminarão o nosso país e a todos que o servem, e o resplendor dessa luz certamente pode iluminar o mundo.

Assim, compatriotas, não pergunteis o que o vosso país pode fazer por vós e sim o que podeis fazer por nosso país.

Concidadãos do mundo: Não pergunteis o que os Estados Unidos podem fazer por vós e sim o que podeis fazer juntos pela liberdade do homem. Finalmente, sejais cidadãos norte-americanos ou cidadãos do mundo, esperais de nós o mesmo alto nível de força e sacrifício que esperamos de vós. Com uma consciência tranqüila como única recompensa, com a história como juiz final de nossos atos, marchamos avante para guiar a terra que amamos, implorando a bênção e a ajuda de Deus, sabendo, porém, que aqui na terra o trabalho de Deus deve ser, na realidade, o nosso próprio trabalho."

(Pronunciamento em 20 de janeiro de 1961)

3.3. Microfone

"Não, não pares.
É graça divina começar bem.
Graça maior, persistir na caminhada certa, manter o ritmo...
Mas a graça das graças é não desistir.
Podendo ou não podendo, caindo, embora, aos pedaços,
chegar até o fim..."

Dom Helder Câmara

O maior vilão de quem quer falar em público. O nosso maior adversário.

Transcrevo a homenagem feita ao microfone por uma participante do meu curso "Como Falar em Público".

Sr. Microfone,

Ao Sr. que, com sua aparência inerte e impotente, tentou, de todas as formas possíveis e imagináveis, deixar-nos encabulados e inseguros, a ponto de duvidarmos das nossas potencialidades:

1. O Sr. foi criado por um ser humano semelhante a nós, dotado de capacidade superior à sua;
2. O Sr. é um micro como outro qualquer de sua espécie: microscópio, microfilme ou microcomputador;
3. O Sr. nunca, em momento algum do curso, mostrou-se capaz de funcionar sem o nosso auxílio. Nem mesmo teve a iniciativa de adaptar-se às nossas características de altura e voz.

Reconheça que depende de nós para sobreviver e que não deve, jamais, comportar-se como um obstáculo em nossos discursos.

Diante desses fatos, resta ao senhor uma única atitude — a de colaborar conosco, tornando-se uma espécie positiva na nossa luta pela liberdade de expressão! Os nossos argumentos se baseiam numa teoria muito simples:

— Nós temos sangue correndo pelas veias, e não fios coloridos;
— Nós temos energia própria, e não aquela vinda do interruptor;
— Nós temos vida;
— Nós temos vontade;
E se temos vontade, VENCEREMOS!

Ana Daisy Araújo Zagallo

O nosso adversário nem sempre representa o mal. Fugir dele é o pior que nos podia acontecer. O pior de enfrentar esta luta (o microfone), é não perceber que na derrota aprendemos alguma coisa. Mas a fuga é declarar publicamente a vitória do nosso inimigo. E o microfone não nos pode vencer. Sei que o momento é difícil. As pernas tremem, a adrenalina dispara, mas se fizerem uso da respiração diafragmática, a vitória sobre o microfone é certa.

Qual a postura correta de segurar o microfone?

— Abaixe o braço e, ao levantá-lo, o microfone deverá ficar dois a três dedos abaixo da sua boca. **Não esconda o seu rosto atrás do microfone e nem o coloque na testa ou na altura do umbigo.** Seu rosto deve estar acima dele, para que você fique visível à platéia. Não segure e nem se enrole no fio. Deixe sua mão livre para a gesticulação.

Atenção ao microfone de lapela, que por ser muito sensível e ficar numa posição próxima ao coração, o público poderá ouvir nossos batimentos cardíacos, caso não se esteja fazendo uso da respiração diafragmática para manter o controle emocional.

"Não há nada que o treinamento não possa fazer.
Nada está além do seu alcance. Pode transformar
a moral ruim em boa;
pode destruir maus princípios e recriar os bons;
pode elevar homens a anjos."

Mark Twain

Tudo é uma questão de treinamento.

O compositor e pianista Liszt estudava diariamente e quando lhe perguntaram se era necessário treinar assiduamente, ele respondeu: *"Eu não posso sentir, mas o público sente!"*

É preciso treinar. Todas as vezes que tiverem a oportunidade de falar ao microfone, não percam a oportunidade, pois é treinando e aprendendo, errando, aprendendo e treinando que você se tornará um grande orador.

Lembre-se de que uma voz mal colocada ao microfone é desagradável por mais bela e doce que sejam suas palavras, pois produzirão efeitos desastrosos. Ao contrário, se souber manejar a voz ao microfone, suas palavras por mais simples que sejam irão adquirir colorido e vida. Nunca existirá nem nunca existiu um ser como você. Dê o melhor de si. Ao treinar, você irá adquirir segurança, maturidade e descobrir que tem capacidade, virtude e coragem que jamais pensou possuir.

> *"A coragem é a virtude que torna os Homens capazes das grandes ações."*
>
> Aristóteles

Capítulo 4

Olhar

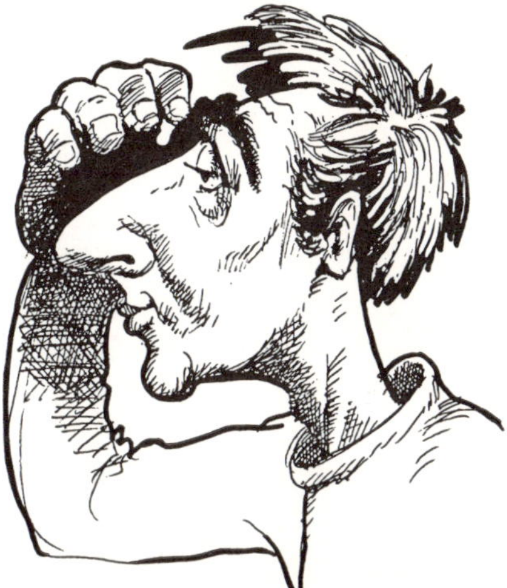

"O observar capacita o homem a uma profunda reflexão na vida."

Tania Castelliano

"A lâmpada do corpo são seus olhos. Se teus olhos forem bons, todo seu corpo terá luz."

Mateus 6:22

O olhar de quem fala em público é o espelho de sua alma.

Continua-se a atribuir maus sentimentos a quem não nos olha dentro dos olhos.

Conta uma lenda que quando um animal morre, o urubu-rei aproxima-se do animal e examina os seus olhos. Se os olhos do animal forem bons, ele dá o sinal para que os urubus comecem a ceia. Se os olhos forem ruins, os urubus ficam sem o banquete.

Não fixe o olhar para um ponto perdido no espaço, para o chão ou até mesmo para uma única pessoa da platéia, pois todos que ali se encontram sentir-se-ão gratificados e notados com o seu olhar.

Mas parece que nos dias em que vivemos as pessoas não se tocam, não se abraçam, não estendem a mão para um cumprimento e nem ao menos se olham. E tudo isto não ocorre somente em uma sociedade, o mais grave é que nos falta tal atitude dentro da nossa própria casa, como nos mostra o texto do livro *Vivendo, Amando e Aprendendo** de Leo Buscaglia.

*Publicado no Brasil pela Editora Record.

Our Town (Nossa Cidade)

A cena em que morre a pequena Emily.

Ela vai ao cemitério e lhe dizem:

— Emily, você pode voltar a um dia de sua vida. Qual dia você gostaria?

E ela diz:

— Ah, lembro-me de como estava feliz quando fiz 12 anos. Gostaria de voltar ao meu aniversário, no dia em que fiz 12 anos.

E todos no cemitério dizem:

— Não faça isso, Emily. Não, Emily.

Mas ela quer tornar a ver mamãe e papai. Então muda a cena e lá está ela, com 12 anos — voltou no tempo aquele dia maravilhoso de que se recorda.

Ela desce a escada com o vestido bonito, os cachos balançando.

Mas a mãe está tão ocupada fazendo o bolo de aniversário que não pode parar para olhar para ela.

Ela diz:

— Mamãe, olhe para mim. Mas a mãe não olha.

O papai entra e está tão ocupado ganhando dinheiro para ela que nem se dá ao trabalho de olhar para ela, porque está tão preocupado com sua vida que não pode parar para olhar para ela.

A cena acaba com Emily de pé no meio do palco dizendo:

— Por favor, alguém olhe para mim.

E ninguém olha e então torna-se a virar para a mãe e diz:

— Por favor, mamãe!

E então ela diz:

— Levem-me embora. Esqueci-me de como é a gente ser humana. Ninguém olha para ninguém. Ninguém se interessa mais, não é?

Treine o olhar.

Anote a cor dos olhos de todas as pessoas com quem você falar.

"Nessa fisionomia, são os olhos que desempenham o papel preponderante."

Cícero

OLHAR PARA SI, UMA NECESSIDADE VITAL

(Lúcia Tigre de Barros Noé, aluna do curso "Como Falar em Público" — Araguaina — Tocantins)

Em um pequeno lago, de águas límpidas e transparentes, morava um girino (pequeno filhote de sapo). Seu nome era Pequenino. Ele morava sozinho neste lago. Um dia acordou, e viu em um fino galho de árvore, um estranho saquinho branco. O que seria aquilo?, pensou ele. Dois dias depois, o saquinho lhe falou:

— Oi, meu nome é Casulo, mas não serei Casulo por toda a minha vida, um dia me transformarei em uma linda Borboleta.

Pequenino ouviu aquilo, mas não entendeu. Como poderia um saquinho branco transformar-se em uma Borboleta?

Passaram-se os dias, e Pequenino não desgrudava os olhos do Casulo.

Um dia, como que por encanto, Pequenino acorda e, assustado, vê uma linda Borboleta na beira do lago e pergunta ansioso:

— É você, Casulo?

— Sim, sou eu Pequenino.

Neste momento ele baixa os olhos e quase chega a chorar. E Casulo, agora Borboleta, pergunta:

— Por que choras?

— Porque o mundo é injusto e cruel. Veja só você, era um Casulo e hoje é uma linda Borboleta, e eu continuarei aqui neste lago, sozinho e igual a como era no dia em que nos conhecemos.

E a Borboleta responde docemente:

— Não seja tolo, Pequenino, não vês que cresceste, que virastes Sapo, que pode nadar e saltar bem alto?

Pequenino olha pela primeira vez ao longo destes dias, vagarosamente, para o reflexo do lago e grita:

— Oba, também mudei, e porque estava só olhando para você, nem percebi que já era não mais girino e sim Sapo.

Expor sobre a necessidade do autoconhecimento...

Os nossos olhos vagam curiosos e perdidos pelo mundo em função do outro e só tomaremos consciência disto quando alguém perguntar sobre nós e já não soubermos responder.

Se não olharmos profundamente, serão cegos os nossos olhos, para todo o resto do mundo.

Capítulo 5

Palavra e Estilo

"As mudanças pelos direitos de igualdade só poderão vir através do amor, da força das palavras, da coragem, da determinação e pela união dos homens."

Tania Castelliano

"Sem conhecer a força das palavras, é impossível conhecer os homens."

Confúcio

O maior poder que Deus concedeu ao homem é o poder da palavra.

Há poder em suas palavras, porque suas palavras tornam possíveis o poder de Deus em sua vida.

Temos de ter domínio daquilo que estamos dizendo, para não falarmos uma palavra que o significado seja outro.

"Se você quer falar comigo, defina suas palavras."

Voltaire

Lembro-me de um fato, ocorrido durante um chá com algumas senhoras da sociedade, em que a anfitriã em suas palavras de agradecimento dizia que *"naquele momento de sua vida ela estava fazendo um levantamento de sua árvore ginecológica"*, em vez de *genealógica*. Todas as pessoas ali presentes não puderam conter o riso.

Outra vez, ouvia um discurso de um prefeito em uma cidade de Alagoas e ele dizia: "Na minha *gestação* em vez de *gestão*... e, logo em seguida, falava que este era um *vício circuloso*...

O que uma palavra significa para mim poderá não significar o mesmo para outras pessoas. Temos vícios de linguagem, na maioria das vezes, devido à ignorância ou, até mesmo, por falta de conhecimento da pronúncia.

Criar o hábito de ouvir também é tarefa difícil, pois as nossas preocupações, tensões, emoções, sentimentos, preconceitos poderão criar hábitos de percepção auditiva distorcidos daquilo que estamos ouvindo.

"Aprendemos no céu o estilo da distorção e também o das palavras. As estrelas são muito distintas e muito claras. Assim há de ser o seu estilo (...), muito distinto e muito claro. E nem por isso tema que pareça o estilo baixo; as estrelas são muito distintas e muito claras e altíssimas.

O estilo pode ser muito claro; tão claro que entendam os que não sabem e tão alto que tenham muito de entender nele os que sabem.

O rústico acha documento nas estrelas para sua lavoura e o mareante para sua navegação, e o matemático para suas observações e para os seus juízos. De maneira que o rústico e o mareante, que não sabem ler nem escrever, entendam as estrelas, e o matemático, que tem lido quantos escreveram, não alcança a entender quantos nela há."

Pe. Antônio Vieira

É preciso ter uma organização de pensamentos para obtermos sucesso na precisão da pronúncia.

As palavras têm de ser claras. Como diz Vieira, "o estilo de falar e de escrever deveremos copiar das estrelas". Se precisarmos de bola de cristal para decifrarmos as palavras, a comunicação estará sendo defeituosa.

O texto abaixo nos mostra a falta de clareza na comunicação de um gerente de banco ao atender o fazendeiro.

JÁ NÃO SE FAZ MAIS BANCO COMO ANTIGAMENTE

F. Moço, eu precisava de um dinheirinho emprestado. Será que o seu banco me arranja?

G. Depende, cavalheiro. Há certas formalidades prévias. Por exemplo, o senhor já tem cadastro aqui no banco?

F. Se eu tenho o quê? Padrasto? Um padrinho, uma espécie de pistolão?
G. Que está o senhor querendo insinuar? Perguntei apenas se já foi feita a sua ficha aqui.
F. Ah, ficha! Seu. Não, aqui no banco não. Mas, no mês passado, quando fui operado da hérnia, lá no hospital me fizeram uma ficha bonita, toda cheia de gráficos, nomes de remédios e números. No último dia, aproveitando uma distração da enfermeira, passei a mão (na ficha) e levei-a para casa, de lembrança. Será que o senhor não podia aproveitar aqui essa ficha do hospital, para a gente ganhar tempo em vez de fazer outra nova? Além disso, eu não estou doente agora, não teria assunto para outra ficha...
G. Não precisamos saber de suas doenças. O que nos interessa é a situação financeira. Por exemplo, qual é o seu patrimônio líquido?
F. Olha moço, pra falar a verdade, vou dizer uma coisa pro senhor: quase todo o meu patrimônio é sólido: terras, casas, máquinas e uns boizinhos. Mas se o senhor faz questão de patrimônio líquido, acho que podemos incluir nessa categoria a represa da fazenda e uns garrafões de pinga que eu tenho guardados, do tempo em que meu engenho ainda funcionava. É das boas; das amarelinhas, tá?
G. O senhor já operou em algum banco da praça?
F. Mas aqui é um banco ou um hospital? O senhor só me fala em ficha, em operação... Claro que eu nunca operei. Não sou médico, sou fazendeiro. Só se a gente for considerar operação as vezes em que capei meus leitões ou cortei os cascos de umas vacas que estavam com mangueira. Porém mesmo nesses casos, eu operei foi lá no curral mesmo. Tinha graça eu levar meus bichos para operar num banco da praça, lá em frente à Matriz!
G. Não se trata disso. Eu preciso é saber se o senhor já foi mutuário de nossas carteiras.
F. Que negócio é esse? Então o senhor me acha com cara de camelô para ser mostruário de carteira?
G. Mostruário, não. Eu disse "mutuário". Em qual de nossas carteiras o senhor já tem experiência?

F. Essa agora! Em vez de camelô agora o senhor pensa que eu sou batedor de carteiras e que até tenho experiência em carteiras do pessoal do banco?
G. Está difícil fazer-me compreender pelo senhor. Mas, pelo que deduzi de nossa conversa, o senhor está necessitando de capital de giro.
F. E eu lá quero saber de giro pela capital, moço! Estou muito bem aqui no interior. Não quero coisa nenhuma. O que eu disse logo no começo e repito agora é isto: eu preciso de um dinheirinho emprestado. SÓ.
G. Justamente o que eu falei: o senhor quer levantar um numerário.
F. Eu não quero levantar nada. Não posso: depois de minha operação de hérnia o médico me proibiu de fazer qualquer esforço, quanto mais levantar esse tal numerário, que eu nem sei quanto pesa! Eu preciso é de dinheiro.
G. Em qual modalidade de financiamento o senhor quer se enquadrar? FINAME, FUNDIPRA, PASEP, PIS, FINRURAL, RESOLUÇÃO 71, LEI 4143, FIBEP, FIRUM, FIREX...
F. Moço, pelo amor de Deus: como é que se diz "UM DINHEIRINHO EMPRESTADO" aí na língua que o senhor está falando? É só isso que eu quero. Por favor, não me complique as coisas que eu fico maluco.
G. Há um pormenor. Para que o banco lhe empreste dinheiro é preciso que o senhor retribua com reciprocidade.
F. Reciproqui... o quê?
G. Reciprocidade. É preciso que o senhor mantenha depositado aqui no banco um saldo compatível com o volume de financiamento pretendido.
F. Mas... peraí: se eu estou precisando de dinheiro, como é que ainda vou arranjar algum para depositar no seu banco? Afinal, é o banco que vai me emprestar dinheiro para ele? Moço, vou fazer uma coisa: volto para a fazenda e mando meu filho mais velho conversar com o senhor. A gente não consegue se entender. O senhor usa esse palavreado complicado, moderno, que deve ser igual o jeito de falar dos ripes, dos pleibóis, e eu ainda falo a língua que se usava no tempo do Uóchito Luiz. O mundo está ficando muito complicado para mim. Deve ser por causa dos foguetes, dos co-

metas, da bomba atômica. Está na hora de deixar o comando dos negócios para a nova geração. Amanhã meu filho passa aqui.
G. Se o senhor prefere assim...
F. É. É melhor assim. Adeus, moço. Desculpe-me por não ter compreendido o senhor. Quando tiver tempo, dê uma chegadinha até minha fazenda para experimentar uns goles do meu "patrimônio líquido". Garanto que na terceira dose a gente vai estar se entendendo perfeitamente.

(Camargo, A. J. Lucas — Edição do próprio autor, 1974, pp. 88-90)

> *"Com palavras suaves e com bondade, você consegue arrastar um elefante com um fio de cabelo."*
>
> Provérbio persa

Procure usar sempre um vocabulário coloquial para que esteja ao alcance de todos. As palavras simples serão profundas desde que haja entusiasmo em sua voz.

OBJETIVIDADE NA COMUNICAÇÃO

Estavam desaparecendo as galinhas do Dr. Rui Barbosa...

Havia um ladrão que todos os dias roubava uma ave.

Uma noite, Rui Barbosa resolveu esperar pelo ladrão em seu galinheiro. Quando o ladrão chegou e pegou a galinha, Rui Barbosa o pegou pelo braço e disse:

"Não pelo bico do bípede;
Nem pelo intrínseco valor do galináceo;
Se veio aqui para roubar-me, perdôo-te;
Mas se veio para insultar minha soberba prosopopéia; Dar-te-ei um trompaço no meio de seu glóbulo pensante;
Que transformará sua massa cefálica em uma única hemácia."

Não entendendo nada, o ladrão olhou para Rui Barbosa e disse:

"Doutor, eu deixo ou levo a galinha!?"

Tenha habilidade para não magoar ninguém, pois nunca falaremos para um grupo homogêneo de pessoas, mesmo que nossa palestra seja dirigida a uma classe de advogados, por exemplo. Sabemos que estaremos falando para um grupo heterogêneo, pois todos têm a mesma escolaridade, mas sua educação e cultura podem ser divergentes.

> *"Seduziu-o com palavras persuasivas, com as lisonjas dos seus lábios o persuadiu."*
>
> Provérbios 7:21

Deus fez o verbo e se faça a palavra.

Só podemos persuadir alguém através da palavra falada, que transforma o **Homem** na comunicação humana.

Ainda em Provérbios 24:15: — *"Pela paciência se persuade o príncipe, e a língua branda quebranta os ossos."*

5.1. Persuadir

Persuadir vem do latim PERSUADERE, que significa CONVENCER.

Se você não consegue fazer com que as pessoas façam aquilo que você faz, o erro está na maneira de como está sendo transmitida a sua mensagem. Sua comunicação poderá estar defeituosa. A persuasão não está preocupada com a inteligência do outro, e sim com a vontade do outro. A naturalidade, simplicidade e singeleza no falar são alguns requisitos do persuasor. O persuasor não pode ser artificial e a simplicidade sugere beleza no falar.

Mestre da persuasão, Getúlio Vargas dava razão a todo mundo e todos faziam exatamente o que ele queria. Contam que, no Rio de Janeiro, o presidente atendia a todos que o procurassem e decidia sabiamente as divergências e contendas. Dois comerciantes brigaram e foram procurar o presidente para saber qual deles tinha razão. Getúlio ouviu o primeiro que lhe explicou o caso e deu-lhe total razão. Com o sorriso nos lábios, o primeiro comerciante sai convencido de que tinha razão com a resposta que o presidente acabara de lhe dar. Entra o segundo comerciante e expõe suas razões, embora um pouco assustado com a fisionomia de felicidade que acabara de ver o primeiro sair.

Então ele pergunta:

— Quem tinha razão?

Getúlio passa a mão na cabeça e lhe diz:

— O senhor tem toda razão!

E sai o segundo comerciante com um sorriso nos lábios, maior do que o primeiro comerciante.

D. Darcy, sua esposa que atentamente assiste a tudo, argumenta com toda eloqüência.

— Getúlio você dá razão ao primeiro comerciante. Dá razão ao segundo comerciante. Não acho isso correto. Não é atitude digna de um presidente!

Getúlio fita-a seriamente, cerrando a testa, e diz:

— Darcy, você está coberta de razão.

Há uma variação na riqueza da palavra falada à palavra escrita, pelo tom colorido, pela melodia da voz ao transmitirmos nossas emoções e sentimentos com a expressividade da alma.

> *"As palavras ferem mais que punhais e o tom mais ainda."*
>
> Voltaire

Há palavras que ferem, outras que matam. Há palavras que ressuscitam, dependendo da boca de quem ela sair. Se for um homicida, mata. Se for um cirurgião, salva.

É preciso fazer uso do poder da palavra para convencermos os outros que somos bons naquilo que fazemos, aperfeiçoando, é óbvio, nossas habilidades e aptidões. Mesmo que para isso se faça necessário lutar com as adversidades que a vida nos apresenta, tentando impedir de um dia brilharmos no cenário do planeta Terra.

5.1.a. Credo do Tribuno Baiano Rui Barbosa

"Creio na liberdade onipotente, criadora das nações robustas; creio na lei, emanação dela, o seu órgão capital, a primeira das suas necessidades; creio neste regime, não há poderes soberanos, e soberano é só o direito interpretado pelos tribunais; creio que a própria soberania popular necessita de limites, e que esses limites vêm a ser as suas constituições, por ela mesma criadas, nas suas horas de inspiração jurídica em garantia contra os seus impulsos de paixão desordenada; creio que a República decai, porque se deixou estragar confiando-se ao regime de força; creio que a federação perecerá, se continuar a não saber acatar e elevar a Justiça porque da Justiça nasce a confiança, da confiança a tranqüilidade, da tranqüilidade o trabalho, do trabalho a produção, da produção o crédito, do crédito a opulência, da opulência a respeitabilidade, duração, o vigor; creio no governo do povo, pelo povo; creio, porém, que o governo do povo pelo povo tem a base de sua legitimidade na cultura da inteligência nacional pelo desenvolvimento nacional do ensino, para o qual maiores liberalidades do Tesouro constituíram sempre o mais reprodutivo emprego da riqueza pública; creio na tribuna sem fúrias e na imprensa sem restrições, porque creio no poder da razão e da verdade; creio na moderação e na tolerância, no progresso e na tradição, no respeito e na disciplina, na impotência fatal dos incompetentes. Rejeito as doutrinas de arbítrio; abomino as ditaduras de todo gênero, militares ou científicas, coroadas ou populares, detesto os estados de sítio, as suspensões de garantias, as razões do Estado, as leis de salvação pública; odeio as hipocrisias do absolutismo dissimulado sob formas democráticas e republicanas; oponho-me aos governos de ignorância, e quando esta se traduz pela abolição geral das grandes instituições vigentes, isto é, pela hostilidade radical à inteligência do país, nos focos mais altos da sua cultura; a estúpida selvageria dessa fórmula administrativa impressiona-me como bramir de um oceano de barbaria ameaçando as fronteiras de nossa nacionalidade. Vós bem sabeis, senhores: essas são as minhas crenças, esses ódios santos e essas crenças incorruptíveis não pode ter programas que fazer. Seu futuro está ligado ao seu passado pelo nobre cativeiro do dever. Um refletirá o outro, por uma dessas necessidades da consciência, que o interesse não amalga."

Rui Barbosa

Capítulo 6

Criatividade

"Ninguém é capaz de resolver problemas para aqueles cujo o problema consiste em não desejarem que os problemas sejam solucionados."

Richard Bach

"Nada de esplêndido jamais foi realizado, exceto por aqueles que ousaram acreditar que algo dentro deles era superior às circunstâncias."

Bruce Barton

Criatividade é o ato de gerar uma coisa nova para cada situação. É ter visão da situação.

Contou-me meu avô um fenômeno que aconteceu na cidade do Rio de Janeiro a respeito de uma visão sobre criatividade de um grande camelô chamado Polar. Era conhecido como o Rei dos Camelôs. Vendia tudo que lhe caía nas mãos. Certa feita dois donos de uma livraria o procuraram para ver se ele desencalhava as prateleiras do depósito da loja que estavam ocupadas por livros que as entulhavam, não só o depósito, como também a cabeça dos donos. Polar foi até o depósito, examinou os livros, cheirou-os e perguntou:

— Por quanto vocês querem vender todo este estoque de livros?

Os olhos do Sr. Luís, um dos donos, saltaram fora do rosto, estarrecido com a proposta de Polar. Ficaram extasiados, achando que tinham encontrado a solução para se livrarem do entulho e que estariam fazendo o melhor negócio do mundo, vendendo o encalhe por qualquer preço ao pobre que acreditavam, tão cedo, não recuperaria o dinheiro perdido naquela compra. Pois bem, o Sr. Luís discute o preço com o sócio e pede X pelo estoque. Polar lamenta e diz:

— Só tenho a metade de X para tirar todo esse entulho do seu depósito.

O Sr. Luís imediatamente aceita a proposta, achando que estavam jogando um pepino nas mãos de Polar, o qual jamais conseguiria descascar e que se ele conseguisse recuperar um terço do dinheiro empregado, seria muito.

Passados três dias, acontece um fenômeno nas calçadas da Cinelândia, no Rio de Janeiro. Filas e mais filas de homens na barraca de Polar. Os homens disputavam para comprar os livros que estavam encalhados na livraria do Sr. Luís.

Sua visão em criatividade fez com que Polar lacrasse o livro com uma fita preta contendo os seguintes dizeres: SÓ PARA HOMENS.

Somente homens podiam comprar os livros. As mulheres dobravam o valor pedido, mas ele não vendia: Só para homens!

A criatividade tem que se fazer presente para quem gosta de falar de improviso.

Desenvolva o hábito de arquivar suas experiências vivenciadas no dia-a-dia, pois a pasta do arquivo de sua vida tem que caminhar lado a lado em seus passos. Procure valorizar todos os dados de informação, aprendendo a perguntar, a estudar, a ouvir, a ver, adquirindo cultura no convívio familiar, no trabalho, nas entidades e com os amigos. A explorar qualquer tipo de viagem culturalmente.

No interior da Bahia vivia um grande orador, perfeito na arte da retórica, dono de uma vasta criatividade.

Certa vez o convidaram para pregar na cidade de Salvador, na igreja de São Benedito, no dia em que comemoravam os festejos do santo. Frei Bastos, já cansado com o avançar de sua idade, reluta em aceitar o convite, mas a comissão organizadora o convence, e ele viaja para Salvador. Ao chegar na igreja, no momento em que se dirigia para o púlpito, entra um bêbado de cor negra, que imaginavam ser um ladrão. Os organizadores tentam retirar o bêbado da igreja, em vão. Frei Bastos, impaciente, sobe ao púlpito, levanta os braços apontando para São Benedito e exclama:

— BENEDITO! NEGRO! BÊBADO! LADRÃO!

Faz uma pausa, respira, vira-se para os fiéis que, neste momento, olhavam-no de maneira assustadora, pensando que o frei havia enlouquecido ou ficado totalmente esclerosado, e prossegue:

— NEGRO, na cor da pele, mas branco na alma com que tingia as tuas ações...

— BÊBADO, na graça de Deus, com quem te alheavas ao mundo, abismado na contemplação do Senhor...

— LADRÃO, do santo menino, que roubaste à Virgem e não quis mais deixar-te os braços...

Um incidente que sugere ao orador a fazer comparações entre o tema e o episódio ocorrido, com belas imagens da visão de quem tem criatividade.

A criatividade faz parte da arte de falar de improviso, embora a improvisação nunca seja total. Para improvisar você precisa relacionar o tema com alguma experiência pessoal. Relatar a experiência e continuar desenvolvendo o tema. Nunca esquecer que você tem de estar mentalmente preparado para improvisar sem abandonar o tópico. Recorra a seu arquivo de desenvolvimento de criatividade, vivenciando suas experiências, seus estudos, seus projetos, suas emoções, seus sentimentos, suas crenças.

Imagine que você foi convidado a assistir a uma palestra cujo tema é: *A instabilidade — realidade ou ilusão*. No final da palestra, você é convidado a agradecer ao palestrante, *de improviso*, sobre a brilhante explanação. E agora? Comece treinando seu improviso, na frente do espelho, aplicando tudo que você conseguiu aprender até agora. Se possível, grave e ouça atentamente e faça as mudanças necessárias.

> *"O observar possibilita ao homem uma profunda reflexão na vida."*
>
> Tania Castelliano

Outro fator importante é observar a realidade do momento para cada situação.

Um homem partiu para África em busca de um tesouro tão sonhado, com uma caravana.

Após dias de buscas nesta aventura, acabou se perdendo da caravana. Faminto, sedento, cansado, estonteava sob o sol escaldante de 45°C do deserto. Os abutres sobrevoavam ao seu redor já esperando pelo grande banquete macabro, quando ele avista ao longe um baú. Ao aproximar-se do baú, com muita dificuldade, cai por cima dele e tenta abri-lo. Quando consegue, percebe que se tratava de um grande tesouro. Ouro, rubis, esmeraldas, diamantes, pérolas. Maravilhado com o fabuloso tesouro, ajoelha-se pasmado, debruçando-se por cima do tesouro e soluçando diz:

— Trocaria este tesouro por um copo d'água e um pedaço de pão...

O palestrante tem de saber diferenciar qual é o seu objetivo e qual é a realidade de seu público naquele momento. É preciso saber vivenciar a visão da criatividade nos imprevistos que ocorrem no local. Não posso levar transparências para ilustrar minhas palestras se eles não têm o retroprojetor. É quando neste momento entra a criatividade. O ato de criar uma coisa nova para cada situação.

"A unidade de propósito é um dos fatores essenciais do triunfo, seja qual for o nosso objetivo na vida."
John D. Rockefeller Junior

CAPÍTULO 7

Medo

"Religião organizada é Deus-numa-teia, a grande Aranha no centro de centenas de doutrinas, rituais e crenças. Pessoas morrem nessa teia."

Richard Bach

"A ignorância e a incerteza."

Robson, in *O homem e a ação*

Ele define: *A ignorância, simplesmente falta de conhecimento, e a incerteza, falta de segurança.*

O medo de um contato mais direto com o público é chamado de **topofobia**, o medo da rejeição de não falar corretamente.

O medo já nasce com o homem e o acompanha por muito tempo em sua vida. No momento da palmadinha que levamos ao vir ao mundo, para contribuir com o choro, desafogando nossos pulmões à respiração, já passamos a ter medo da palmada. É o momento em que todos estão rindo e só você chorando. É o primeiro som produzido pelas cordas vocais. O grito de nosso choro!

O medo nos abraça por muito tempo em nossa vida. Quando na infância despontamos como oradores, somos interpelados por nossos pais com a frase:

— **Cale a boca, menino!** A conversa é de adulto, não é de criança.

Na escola, a professora é autoridade máxima, e você novamente ouve: **Cale a boca!** Na adolescência o sistema de ensino persiste no fantasma do **Cale a boca**. Na universidade, somos jogados a falar em seminários, e o fantasma continua. Quantas chances e sucessos foram perdidos por medo de falar.

A primeira vez que subi no trampolim mais alto da piscina

tive medo. E desci. Subi várias vezes, desci. Até que um dia disse de mim para mim: "VOCÊ É UM COVARDE". E lancei-me. Foi ótimo. Fiquei tão contente que repeti a operação dez vezes seguidas. Acabava de vencer o medo. Depois apliquei essa experiência a outras circunstâncias. Por exemplo, quando sentia timidez diante de uma pessoa desconhecida, estendia-lhe imediatamente a mão e dizia o meu nome e perguntava-lhe o dela. Quando dizia "prazer em conhecê-lo", parecia que me sentia superior. O mesmo comecei a fazer na sala de aula. Logo que sentia vontade de fazer uma pergunta ao professor, vencia a minha natural inibição e levantava a mão. A experiência do trampolim foi definitiva para mim. (Rafael Liano Ciefuentes-Fortaleza-CE-Quadrante, Soc. de Publicação Culturais-1991.)

Quando o desconhecido se torna conhecido, o medo já não mais existe. Comece por descobrir todos os seus pontos negativos e positivos e vá inserindo na conscientização de uma determinação para eliminar esse fantasma do medo de Falar em Público. O desejo de superação pessoal vai permitir a autoconfiança que lhe dará sustento para enfrentar qualquer situação nova.

> *"Nossas dúvidas são traidoras. E nos fazem perder o bem que sempre poderíamos ganhar, por medo de tentar."*
>
> William Shakespeare

Todas as técnicas e textos contidos neste livro irão ajudá-lo, permitindo essa transformação, como a autoconfiança de sua vida. Acredite que você pode mudar, romper paradigmas, porque você é capaz e está aberto a transformações de amadurecimento e crescimento pessoal.

> *"A fé é a certeza das coisas que se esperam, e a prova das coisas que não se vêem."*
>
> Hebreus 11:01

A fé vem pelo ouvir a palavra de Deus. A fé divina é a certeza das coisas que não vejo. E a fé humana não é a mesma coisa da fé divina? Onde está a fé humana? No meio dos robledos? Nas profundezas dos rios? Onde ela está? **Dentro de você**. É preciso conscientizar-se de que você é capaz, porque querer é poder... Mas só se estiverem juntos. Querer sem o poder se torna frágil. E o poder sem querer, mais fragilizado ainda. É preciso ter persistência e acreditar nas possibilidades de acertar. Há de se ter ação, fé humana e fé divina.

Veja a persistência de um sonho:

Era um homem que:
— *Faliu nos negócios aos 31 anos de idade;*
— *foi derrotado numa eleição para o Legislativo com 32 anos;*
— *faliu outra vez nos negócios aos 34 anos;*
— *superou a morte da namorada aos 35 anos;*
— *teve um colapso nervoso aos 36 anos;*
— *perdeu a eleição com 38 anos;*
— *perdeu nas eleições para o Congresso aos 34, 46 e 48 anos;*
— *perdeu uma disputa para o Senado com 55 anos;*
— *fracassou na tentativa de tornar-se vice-presidente aos 56 anos;*
— *perdeu uma disputa senatorial aos 58 anos;*
— ***foi eleito presidente dos Estados Unidos aos 60 anos***.
O nome do homem: **Abraham Lincoln.**

O sucesso provém sempre de grandes batalhas, dificuldades e obstáculos. Lutar pelo sonho é a maneira certa de alguém alcançar o seu objetivo. Muitas pessoas desistem na primeira tentativa de acerto. Abraham Lincoln levou 29 anos persistindo no seu sonho.

Não podemos parar de sonhar. Pois o sonho é o alimento de nossa alma. Mas o sonho sem metas traçadas, sem persistência e luta será somente sonho.

A adversidade não é uma maldição e sim uma bênção de Deus em nossas vidas para aprendermos a lutar pelo sucesso. Lincoln viveu em terrível miséria; Beethoven era surdo e dizia: **"90% é transpiração e 10% é inspiração."**

Quais os obstáculos, adversidades que o impedem de falar em público?

Vivemos ladeados de pessoas formulando desculpas pelo seu fracasso.

Na verdade é muito mais fácil desistir do que se empenhar arduamente para continuar lutando. Saiba que você é a única pessoa que poderá acabar com seu medo, ficando mais aberto para receber novas informações que o tornarão mais seguro, confiante e eloqüente.

O que o impede? O medo da crítica? O medo de fracassar?

Conta-nos Osho:

Dois vagabundos estavam sentados sob uma árvore.

— Você sabe, Jim — falou um deles —, este negócio de vagabundear como forma de vida não é lá muito agradável, vaguear por aí, malquisto em todo lugar, sendo alvo de zombaria de todo mundo.

— Bem — observou o outro —, se é desse jeito que você se sente, por que não vai procurar um emprego?

O quê — protestou o amigo —, e admitir que eu sou um fracasso?

"Não há fracasso, exceto quando não se tenta."
Elbert Hubbard

Thomas Edson após ter tentado 9.999 vezes aperfeiçoar a lâmpada e não ter conseguido, alguém lhe perguntou:

— Você vai ter 10.000 fracassos?

Ele não respondeu. E disse para si:

— Acabo de descobrir outra maneira de não inventar a lâmpada elétrica.

Acabava de descobrir outro conjunto de ações que iriam produzir um resultado diferente.

Não podemos ver nossas perdas, nossas tentativas como

fracasso, pois querer acertar é ter **fé** nas possibilidades. **É ter fé humana.**

Perguntaram a Albert Einstein:

— Se você não tivesse descoberto a teoria da relatividade, acha que ela teria sido descoberta algum dia?

Ele disse:

— Na verdade existem muitos outros como Albert Einstein ao redor do mundo que estão trabalhando na mesma linha. É apenas uma questão de quem chega primeiro. **É uma corrida.**

> *"As pessoas não são indolentes. Elas simplesmente têm metas impotentes. Isto é, metas que não as inspiram."*
>
> Anthony Robbins

CAPÍTULO 8

Crítica

"Nem sempre nosso barco está à deriva pelas palavras. Enquanto houver esperança dentro de nós, ninguém poderá destruir-nos."

Tania Castelliano

"Quando um homem forma um caráter íntegro, pouco importa o que os outros digam a seu respeito, porque afinal ele vencerá."

Napoleon Hill, Senior

Outro grande obstáculo na vida do orador! O medo de não saber encarar a crítica. Lembre-se de que você está ali para que o escutem a passar seus sólidos conhecimentos sobre o assunto de que está discursando. Mas se porventura vier a crítica, que ela seja bem-vinda a partir do pensamento:

A crítica que lhe é dirigida o fará mais forte. Forte em seu crescimento de aprendizagem.

Em Chicago havia um menino de rua que, por compaixão de um jornaleiro, era-lhe dado dois jornais. Ali esteve durante muitas manhãs tentando conseguir tirar o seu miserável sustento, com a venda daqueles jornais.

Passava por ele, todas as manhãs, uma senhora da sociedade que lhe virava sempre o rosto ao se aproximar dele e ia direto comprar o jornal na banca. Até que um dia, ele teve um impulso e a coragem para abordá-la e quando ela se aproximou, ele indagou:

— Senhora! Por que quando lhe ofereço o jornal a madame vira o rosto e não olha para mim?

— Porque você é fétido! — respondeu.

Ele baixou a cabeça, começou a chorar e naquela manhã

devolveu os dois jornais à banca e, sem nada dizer, retornou ao seu casebre, onde passava as noites. Ali ficou cabisbaixo numa luta cruel de consciência. É melhor assaltar! Mas quero ser alguém na vida! De repente ele ouve aquela voz lhe dizendo: "Você é fétido!"

Quando ele voltou a olhar para si disse:

— Estou fedendo!

Saiu à rua e na vizinhança do bairro começou a bater de porta em porta pedindo um pedaço de sabão e uma roupa usada, mas limpa.

Voltou no dia seguinte para a banca de banho tomado e roupa limpa e negociou com o dono da banca de vender cinco jornais e ganhar uma comissão pelas vendas. E para sua surpresa ele vendeu de imediato os cinco jornais. Este jovem não parou aí. Continuou a persistir e a lutar pelo seu sonho de querer ser alguém na vida. E acabou comprando a banca de jornais, depois de algum tempo. Passaram-se alguns anos e ele começou a comprar todas as bancas de jornais do bairro.

Precisou apenas de 24 horas para perceber que a crítica o fez mais forte na aprendizagem e no crescimento profissional... E graças àquela senhora que o criticou, ele pôde subir todos os degraus de sua vida. Hoje ele é um dos maiores empresários de Chicago.

Caro leitor, o que tento mostrar é que devemos tirar o veneno mortífero que acompanha a crítica. Na maioria das vezes esse veneno que vem junto com ela é a inveja camuflada de desespero. O pior sentimento que o ser humano pode ter. Mas lembre-se: Nem sempre o veneno da crítica representa o mal.

Nós sempre iremos encontrar alguém nos perseguindo e criticando. Quando Jesus Cristo nascia, em um outro lugar nascia Herodes. Mas não muito longe também nascia Judas. Você terá que se deparar com seu Judas. Quem fala em público, quem faz alguma coisa nova, quem quer ser alguém na vida, terá de enfrentar a crítica. Quando você nascia, em um outro lugar já nascia o seu perseguidor para criticá-lo. Mas esta crítica irá nos aprimorar a chegar lá, aonde quer que você queira chegar. Ela é a semente de um benefício maior. É ter dois ouvidos atentos. É lembrar do exemplo do menino de Chicago, de Jesus Cristo e de você.

Aceite a crítica como um fator positivo de seu discurso, pois todas as vezes que se falar algo novo, você automaticamente será criticado. Para isso é preciso saber ouvir. Uma arte difícil para quem fala em público.

Saiba que: Quem não sabe ouvir, não sabe escutar. Quem não sabe olhar não sabe ver. E quem não sabe ver, nem ouvir, não saberá tirar pontos positivos da crítica, pois o amargo é o veneno que vem revestido como já disse da inveja e do egoísmo, de não querer ver o outro triunfar. Nunca deixe este veneno atingir a sua mente, levando-o ao desânimo. Comece treinando suas atitudes com um gesto de fidalguia e dignidade, apertando a mão de quem termina uma palestra. Felicitar alguém pelo seu sucesso demonstra que você é imune do sentimento de egoísmo, ciúme e inveja.

Transcrevo outra história verídica que revela tudo que foi dito no parágrafo anterior.

> *"A descoberta mais importante de nossa época é a de poder alterar a vida das pessoas alterando as suas atitudes."*
>
> William James

A inspiração de realizar este livro veio pela tradição de personalidades advindas da seca, do sol causticante e que brotaram no cenário nacional pela sua determinação para realização de seus sonhos, transpondo todas as barreiras e dificuldades que a vida lhes impusera, até mesmo a barreira da importância da comunicação verbal.

Minha grata homenagem a Dra. Onélia Setúbal Rocha de Queiroga, mulher cidadã paraibana, orgulho ímpar deste Estado, que me presenteou com esta história.

O Futuro a Deus Pertence

O garoto Adalberto, gordinho e alto, era levado como todos os meninos de sua idade. Havia, porém, uma característica que o distinguia dos companheiros: a liderança nata. Comandava brincadeiras, os jogos de bola, o bloco de carnaval. A voz brincalhona, mas decidida, impunha o tom que os subordinados pimpolhos adoravam em um chefe-mirim.

Adalberto cresceu acostumado a mandar, a ditar as ordens ao grupo. Eram ordens que não pareciam ser, pois feitas de tal maneira que a obediência vinha naturalmente, sem o menor constrangimento. Por tudo consultavam-no; a sua opinião era respeitada e seguida. O próprio Adalberto chateava-se, às vezes, com o exagero da dependência dos colegas. Mandava-os decidirem-se por si mesmos, em tal ou qual assunto. Orientava-os para que pudessem andar sozinhos, eliminando aquela indecisão que os vinha anulando.

O gordo Adalberto, de riso largo e franco, angariava simpatias, à medida que os anos passavam. Agora já no Ginásio Diocesano, vestido na sua calça cáqui clara, metera-se a líder estudantil. Integrava o grêmio Castro Alves, com mais dez colegas do terceiro ano. Era o orador oficial do órgão literário. Por isso, lia, de dia e de noite, obras as mais diversas, para sedimentar sua eloqüência verbalística. Ensaiava, na presença dos amigos, na véspera, o discurso que iria proferir na solenidade seguinte. As reuniões preparatórias eram animadíssimas. Dirceu, outro aluno do terceiro ano, metido a professor de oratória, ordenava a Adalberto:

— Mais ereto, Adalberto! Olhe para a frente, sem medo! Pronuncie as palavras, pausada, explícita e enfaticamente!

Adalberto procurava seguir o ritual estabelecido pelo colega de turma. Repetia-o duas vezes ao dia e o resultado satisfatório recompensava o esforço desenvolvido nos ensaios.

Dirceu, com o passar dos anos, já aluno do segundo grau, quisera competir com Adalberto na disputa pela liderança da classe. O gordo, mais alto e mais político, derrotara-o, fragosamente. Estremecida ficara a amizade entre ambos. Por alguns quatro meses, Dirceu cortará caminho para não falar com o amigo de infância. A situação não era nada agradável para Adalberto, pois o grandalhão simpático não gostava de desavenças. Amizade não podia confundir-se com atividade política, só que a atividade política entranhada estava no sangue do rapagote, contaminando-o para o resto de sua vida.

Adalberto imaginava uma maneira de aproximar-se de Dirceu. Amigos desde pequenos, não poderiam ficar assim entufados um para o outro. Na tarde chuvosa da quarta-feira de maio, soube, por Malaquias, também colega de turma, que o adversário estava em apuros na disciplina matemática. Bamba nos cálculos e nas contas, Adalberto, após as aulas, procurou o companheiro de infância, oferecendo-lhe os préstimos. Meio encabulado, Dirceu, a princípio, ficou calado, mas, como o oferecimento do outro parecia sincero, acabou aceitando. As pazes estavam feitas e a amizade reatada.

Os rapazes do grupo de Adalberto desciam a praça vertical de Pombal em busca da bagaceira da Festa do Rosário. A multidão incalculável ocupava as barracas de tira-gosto, as quermesses, os parques, as bancas de jogo, as mesas do bar centenário e da parte externa do clube. No palanque armado em frente à igreja do Rosário, o ritual religioso emocionava o povo da rua e da zona rural. A voz metálica e incisiva do Pe. Solon cortava os ares da terra de Maringá, alcançando altitudes mil vezes maiores que a da roda-gigante. Festa boa! Festa da fé! Festa dos reencontros dos amigos espalhados pelo mundão do Brasil afora. Festa da bagaceira! Festa de Nossa Senhora do Rosário!

Adalberto, na praça, à altura do busto de Getúlio Vargas, avistara Germana. Há dias vinha paquerando a linda morena. Olhar vai, olhar vem, e o namoro ficava somente a distância, mas ele prometia a si mesmo que encostaria o carro naquela noite quente, com a decisão pegando fogo.

Germana passa por Adalberto e pisca os olhos. O afoito mancebo, na passagem rápida, ainda consegue pegar-lhe a mão. Pega-a e não solta, segura-a firmemente. Os dois ficam parados, meio desconfiados, para, depois, desatarem a rir. Quebra-se o gelo e os jovens continuam o passeio, de mãos dadas. O namoro começara de verdade, com o casal jurando amor eterno.

Os encontros dos pombinhos davam-se sempre no cinema, na praça, nos bailes estudantis. Em cidade pequena, segredo desta sorte é logo conhecido. Os pais de ambos souberam da novidade, pela boca dos noveleiros. Alcebíades chegara à casa do Sr. Paulo Cintra, pai de Adalberto, sentara-se na cadeira de balanço, na calçada, puxara assuntos variados, como se não quisesse, querendo, para, finalmente, dizer-lhe:

— Parabéns, Sr. Cintra. O seu filho está namorando uma moça muito boa.

— Meu filho? Qual deles?

— O Adalberto, meu amigo. Não me diga que não sabe o que toda cidade não quer mais saber.

— E quem é a moça, Sr. Alcebíades?

— A filha do Promotor, a Germana.

— Moça boa até demais. Meu filho, contudo, é um garotão. Precisa estudar primeiro para depois pensar em namorar com as filhas alheias.

— Ora, Sr. Cintra. Eu pensei que o namoro era do gosto.

— Disse eu o contrário, Sr. Alcebíades? Afirmei, apenas, que o Adalberto é um estudante, bom de pensar nos estudos, não em namoro.

O noveleiro fica alguns minutos no balanço da cadeira do Sr. Cintra para, logo mais, alegar sono e tirar o corpo para casa. No caminho, encontra Luís Guedes, funcionário do Banco do Brasil, a quem conta o diálogo estranho que tivera com o pai de Adalberto. Quem era ele para não querer o namoro do filho com a Germana, moça prendada, de boa família, filha do promotor? Guedes acha esquisita a atitude do Sr. Cintra, homem reservado, educado, por que iria fazer uma afirmação daquelas? Era mesmo muito estranho. Alcebíades ao chegar a sua rua despede-se do bancário, que prossegue a caminhada.

Luís Guedes não acreditara muito na versão dada por Alcebíades a respeito do que o Sr. Cintra pensava sobre o namoro do filho. Mesmo assim, no outro dia, iria à residência do Promotor para preveni-lo dos boatos locais. E foi, e contou ao Dr. Castro tudo o que sabia, pormenorizadamente. O homem da lei simplesmente respondeu-lhe:

— Guedes, em namoro de criança ninguém se mete. Eles são jovens, namoram hoje, amanhã acabam, entendem-se. Se a coisa ficar mais séria, então, eu falo com Germana.

Guedes saiu frustrado da casa do Dr. Castro. Esperava palavras de agradecimento do homem e ouvira uma quase advertência para deixar os adolescentes em paz. Essa era boa demais! Contaria a Estácio, tio de Germana, sobre o namoro da jovem. Daria maiores proporções ao caso para que o mancebo tomasse providências enérgicas. Pensado e agido, Guedes deliciava-se com as mudanças fisionômicas do tio da moça. Abraçara-o Estácio, de modo efusivo, em sinal de agradecimento e prometera pegar o rapagote metido para dar-lhe umas descascadas.

Estácio conversara com as irmãs Estela e Mara acerca do romance dos jovens. Não conseguia entender por que Germana fora escolher aquele pé-rapado para paquerar, com tantos rapazes de futuro na cidade, acadêmicos de Medicina, de Direito, de Engenharia! Reclamava das loucuras da sobrinha, quando esta entrou, ouvindo-lhe o final da pregação. Germana, donzela arrebitada, independente em suas ações, pediu ao tio que cuidasse da vida dele, deixasse a dela em paz. Indignado com a audácia da moça, Estácio tenta vaticinar o destino:

— Namorar com Adalberto, Germana? Quem já se viu filho do Paulo Cintra ter futuro? Acabe com esse romance.

— Não acabo não, tio. E deixe de se meter na minha vida!

Germana deixou a casa dos tios fumaçando de raiva. O fôlego e a respiração tornaram-se-lhe ofegantes. Precisava ver urgente o Adalberto para contar-lhe as implicâncias do tio. Mandou pelo moleque Otávio um recado para o namorado, marcando um encontro, na lateral da igreja matriz. Chegou primeiro que o rapaz, que somente apareceu vinte minutos depois. Abraçaramse, cordialmente, revelando Germana, sem delongas, a razão de tê-lo chamado. Adalberto sorriu para a namorada e disse-lhe com a maior naturalidade do mundo:

— Se é assim que sua família pensa, está acabado o nosso namoro. Bye, bye.

— Adalberto, eu não tenho culpa das grosserias do meu tio. Eu gosto de você.

— Zé feni, Germana. Daqui por diante seremos bons amigos. Um beijo, um abraço e tchau.

Adalberto, terminando o científico, vai para Campina Grande, em busca de melhores dias. Conseguiu contrato de professor em duas cidades próximas à capital da Borborema, e, em uma delas, conheceu Mafalda. Namoraram, noivaram e marcaram a data do casamento. Em setembro, quatro meses antes do enlace, Adalberto visitara Pombal. Abraçou os amigos de infância, os familiares e comprou a Rufino, pombalense residente em Patos, bilhete da sorte que dava como prêmio uma sala Luís XV, a correr na loteria do Natal. Comprou o bilhete para ajudar o amigo, sem pretensões de ser sorteado. Voltou a Campina e à vida de professor.

Adalberto, no início de janeiro, à véspera do casamento, o ano, leitor amigo, não digo, para não aproximar os fatos da realidade, correu várias lojas de móveis, visando comprar alguma coisa para botar na casa em que ia morar. Em uma determinada movelaria, abre a carteira, confere o dinheiro, dinheiro pouco, que não dá para grandes ilusões. Segura a nota na mão e, quando vai guardá-la, vê o bilhete da sorte dobradinho no canto. Puxa-o, desdobra-o e indaga ao vendedor se pode informar-lhe o número premiado do Natal. O vendedor sabe, anota-o num papel e entrega a ele. Adalberto confere o recibo com o do bilhete comprado ao pombalense. Conferem! São os mesmos números! Ganhara a sala!

Adalberto não acreditava que a sala Luís XV era sua. Dali, da movelaria, segue para a rodoviária, compra passagem rumo a Patos. Pisando solo patoense, bate à porta de Rufino, mostra o bilhete e o número sorteado. A sala é sua, diz Rufino. Recebendo-a, o moço providencia o transporte para levá-la à cidadezinha próxima de Campina. Que felicidade! Uma sala Luís XV, para um pobre mortal como ele!

A felicidade de Adalberto era tão grande que não pensara nos transtornos que a sua ausência, no dia do enlace matrimonial, causaria a Mafalda. O dia era o do casamento e o mancebo no sertão. Viajara sem avisar à futura mulher. Não estava em Campina, nem voltara à cidade da amada. Fugira, diziam os parentes e amigos dos pais de Mafalda. Adalberto não é homem de fugir, asseverava a noiva. A tensão era enorme, as horas passando e o moço sumido. Às doze horas, prestes a chegar o momento da cerimônia, um carro entra na cidadezinha natal da noiva, buzinando para chamar a atenção. A sala Luís XV, luxo de ricos, constituía presente do noivo à sua amada. Todos ficaram sabendo; os que o condenavam há instantes, louvavam-no agora.

Adalberto casou-se com Mafalda. Aos poucos foi progredindo na vida, ampliando os horizontes do prestígio e da amizade. Os filhos representavam o coroamento de um casamento feliz e ajustado. Entrara na política e fizeram-no prefeito. O seu nome no Estado ganhava vulto, principalmente por seu espírito conciliador. Era um gordo de bom jogo de cintura. A sua fama espalhava-se na Paraíba e em Pombal. Estácio, tio de Germana, a antiga namorada, candidato a deputado estadual, pensara em pedir-lhe apoio, nas suas áreas de atuação. Era conveniente, porém, conversar antes com o velho Paulo Cintra, pai de Adalberto. E foi assim que Estácio tentou reaproximar-se do pai e do filho, apesar do conceito que, anos atrás, tinha do mancebo.

Estácio arrumou-se com esmero para visitar o velho Cintra. Pediu licença para entrar, em lá chegando. O pai do quase tio afim de Adalberto recebeu-o gentilmente e, em ouvindo as suas aspirações, respondeu-lhe:

— Estácio, eu voto em quem meu filho mandar. Ele está chegando, amanhã, no trem das onze. Vá esperá-lo na estação e entenda-se com ele.

— Obrigado, Sr. Cintra. Estarei amanhã na estação, pode ter certeza.

O sol estava a pino, na estação. A pino como igualmente dizia Mário Palmério em *Vila dos Confins*. Adalberto jovem político pombalense era fundamental à sua eleição. Como ele, outros conterrâneos o esperavam. O apito frio do trem soou, arrancando Estácio de suas meditações. A fumaça preta subia, inclinando-se depois por sobre os vagões. O cheiro forte inebriava os que aguardavam a chegada do transporte ferroviário. Estácio levantou-se ansioso, cortando caminho no meio da multidão. O trem parou, Adalberto desceu com o seu largo sorriso no rosto. Os conterrâneos o abraçavam. Estácio abraçou-o também, acompanhou-o como os demais, para, na oportunidade, abordá-lo:

— Adalberto, creio que você já sabe que sou candidato a deputado estadual. Estive com seu pai, pedi-lhe o voto, mas recomendou-me que o procurasse. Seu apoio, amigo, é fundamental para minha vitória.

— *Apoiar-lhe, Estácio! Votar em você? De jeito nenhum, Estácio, filho do Paulo Cintra não tem futuro, não.*

Adalberto devolvia a Estácio **as palavras** por este mesmo proferidas, anos atrás, quando ele, Adalberto, ainda era um garoto sem futuro. Mas, como o futuro a Deus pertence, ninguém pode dizer que seu semelhante não tem futuro. O presente de Adalberto é brilho todo, e futuro mais brilhante ainda será. Que Estácio viva bastante para conferir.

Adalberto reconhece que o seu futuro começou a brilhar com o contrato de professor para lecionar na cidade vizinha à capital da Borborema. Foi lá que conheceu Mafalda, mulher maravilhosa, estrela da sua vida. Reconhece Adalberto que o seu futuro brilhou com maior intensidade quando comprou o bilhete da sorte que lhe premiou com a sala Luís XV. Ah! A sua preciosa sala Luís XV, objeto valioso de sua vida! Conserva-a do jeitinho que a recebeu. Para melhor dizer, conservadíssima! O valor sentimental de um bem não tem preço, não tem mensuração. É coisa do coração. Não se dá, não se vende, não se troca. Passa de geração a geração. Por pensar dessa maneira, foi que Adalberto, sentado na cadeira da sala Luís XV, reuniu a mulher e os filhos e disse-lhes:

— Minha mulher e meus filhos, quero fazer-lhes um pedido. Nunca se desfaçam desta sala. Quando eu morrer, cuidem dela como se estivessem cuidando de mim. A sala é inalienável.

A superstição de Adalberto é que a sala foi o talismã que Deus lhe mandou, num momento difícil de sua vida. A mulher e os filhos prometeram ao pai, caso ele morresse primeiro, cumprir a sua vontade. Só que Adalberto viverá muito tempo para galgar mandatos mais elevados e oferecer aos correligionários e amigos uma mesa farta do tamanho que é seu coração em sua sala modelo Luís XV.

Amigo leitor, com qual dos personagens da história você se identifica?

— *Adalberto* — menino pobre, ruralista discriminado pela família de Estácio, os imperialistas da região.

Caminhoneiro nos momentos festivos como o carnaval e São João, que para conseguir algumas moedas, carregava o restante da safra da oiticica (fruta do sertão).

Casado, pai de um lindo menino, cursou Direito quando era vice-prefeito do município de Boqueiral e o salário da prefeitura só dava para pagar a mensalidade da faculdade. Estudava com muitas dificuldades.

Um homem que sempre se adequava à realidade dos obstáculos que a vida lhe impusera. Não buscava culpados para seus fracassos. Dava a volta por cima crescendo em seu aprendizado de vida.

Único paraibano a receber o título de cidadão paraibano. Este homem faz parte da história do Brasil, na Paraíba.

Sua vida mostra sua liderança em todas as fases, até mesmo no momento da crítica.

Como político, foi diretor de escola, gerente de uma cooperativa e secretário de uma prefeitura ao mesmo tempo. Foi vice-prefeito de Boqueirão e prefeito em seguida. Quatro vezes deputado. Duas vezes presidente do poder Legislativo. Duas vezes secretário do Estado. Duas vezes líder do governo. O líder de sucesso não sente vergonha de nascer em berço de palha. Ele sempre se orgulha de suas raízes. Adalberto faz parte da história da Paraíba e brilha como estrela maior no cenário nacional. Exemplo de dignidade e orgulho de toda sua família.

— *O Sr. Paulo Cintra*, pai de Adalberto, ainda vive com 87 anos. Naquela época sabia da importância dos estudos na vida de Adalberto, pois um futuro brilhante na carreira do jovem promissor despontava através de sua liderança estudantil.

— *Alcebíades,* o noveleiro. Enquanto Adalberto fazia política, ele fazia intrigas.

— *Dr. Castro,* pai de Germana, já falecido.

— *Estácio,* tio de Germana, não obteve êxito na carreira política. Nos mostra a vida que aquele que alardeia grandes feitos nada realiza.

— *Germana,* que não soube lutar pelo seu amor de adolescente, hoje é casada e tem sua família constituída.

— *Mafalda,* a esposa, amiga, eterna enamorada de Adalberto.

Sua estrela maior, seu braço direito. Talvez esta tenha sido a maior herança que será deixada para seus filhos: um lar de amor, onde eles puderam aprender e entender os mistérios da vida. Mafalda tem saúde abalada. É frágil por ser vítima de um erro médico, segundo Adalberto. Mas é forte na sua garra para viver, vencendo, assim, todos os obstáculos. Esse é, sem dúvida alguma, o maior tesouro de Adalberto — a sua família.

> *"Mas eu vos digo que de toda palavra frívola que os homens proferiram hão de dar conta no dia do Juízo. Pois pelas tuas palavras serás justificado e pelas tuas palavras serás condenado."*
>
> Mateus 12:36-37

CAPÍTULO 9

Personalidade do Orador

"Digam o que quiserem inimigos da literatura, nós todos pensamos por meio das palavras, e quem não sabe se servir das palavras, não pode aproveitar as suas idéias. Para ser um bom médico, um bom engenheiro, um bom advogado, não é necessário ser um literato, mas é necessário e imprescindível saber falar e escrever."

Olavo Bilac

"Há neste mundo almas que têm o dom de encontrar alegria por toda a parte e de deixá-la atrás de si, aonde quer que vão."

Faber

A personalidade é definida no dicionário como caracteres exclusivos de uma pessoa.

Uma personalidade triunfante é possuidora de atributos que causam boa impressão nas pessoas, facilitando a aceitação de suas idéias. Não lhes digo para mudar a sua personalidade. Como indivíduo ela é singular, única, onde está o seu EU.

Jesus disse: *"Ama ao próximo como a ti mesmo."* Ao aprender a amar-se a si mesmo, você estará amando ao próximo. Demonstre, portanto, sua felicidade de viver. Sorria! Lembre-se: a voz é a personalidade falante do indivíduo. É o reflexo do seu pensamento, portanto, nada de afetações e aspereza.

"Uma única palavra posta fora do lugar estraga o pensamento mais bonito."

Voltaire

Voltaire — filosofia e sátira. Um exemplo de sátira.

O nome que trago, meu senhor, é obscuro. Mas eu, ao menos, honrei-o. Por esta resposta insolente, pegou uma estadia forçada na Bastilha, seguida de um exílio na Inglaterra. Mas essa não foi a primeira vez que Voltaire se via às voltas com sua prepotência.

Nasceu em Paris em 1694, filho de um notário, ficou órfão muito cedo. Iniciou-se na advocacia, abandonando-a por não aceitar a profusão de coisas inúteis que haviam desejado incutir em sua cabeça.

Começou a escrever sátira contra tudo e contra todos. Foram onze meses de encarceramento.

Começou a ficar famoso quando escreveu o poema épico "La Hemiada", e uma tragédia, "Édipo".

Sempre dizia:

— Se puder morrerei rindo. O sorriso humano é uma evocação da felicidade animal, quando mostra os dentes antes de morder.

Cultivava uma profunda vocação à mordacidade. Era tão cruel que não chamava os idiotas de idiotas. Fazia com que os idiotas tivessem procedimento como tal.

François Marie Arouet Voltaire, homem de uma perspicácia cultural, mantinha um espírito polêmico, e desenvolvia minuciosamente a ironia e o sarcasmo com uma essência expressiva ao escrever frases concisas que o levaram à fama. Sua concepção intelectual era à vista de todos. Sua personalidade marcante transformou-o no primeiro intelectual da Europa.

Em uma de suas cartas faz uma crítica aos médicos e à medicina, definindo: *"A arte de introduzir substâncias desconhecidas em um corpo a respeito do qual os médicos conhecem menos ainda."* E até hoje vivenciamos isso. Introduzimos drogas em nosso corpo que os médicos desconhecem e nós conhecemos ainda menos.

Conservava sempre o humor, porque dizia que: *"A ilusão nos consola do que não chegamos a ser o humor do que somos."*

A personalidade não só unicamente depende da comunicação humana, como ela é a própria comunicação humana em elocução. Somos aquilo que comunicamos. Todas as qualidades de um indivíduo parecem iluminadas quando ele nos parece simpático, desaparecendo os defeitos num passe de mágica. Ao contrário, se antipatizamos, os defeitos emergem ofuscando as virtudes e as verdades.

Segundo Sharpin e Uris, os tipos humanos se classificam em:

1. **Obstinado** — diz sempre não, dificilmente muda seu ponto de vista, é o homem considerado duro.
2. **Vagaroso** — é o ruminante por natureza, custa a começar as coisas e raramente se entusiasma.
3. **Sensível** — leva tudo para o seu lado pessoal, o mundo gravita em torno de sua sensibilidade.
4. **Tímido** — caracteriza-se pela pouca iniciativa, esmaga-se em qualquer crítica.
5. **Ousado** — é o convencido, o discutidor, o entusiasmado.

Já Peter Ciklic relaciona o andar em traços da personalidade.

1. **Andar miúdo, vivo e lento** — temperamento fleumático.
2. **Andar vivo e inquieto** — temperamento colérico e bilioso.
3. **Andar pesado** — quem mal levanta os pés do chão — tristeza, depressão, pessimismo.
4. **Andar firme, passos largos** — vontade, firme energia.
5. **Andar tropeçado** — medo.
6. **Andar leve e débil** — fraqueza.
7. **Andar afetado** — e quando os joelhos levantam em excesso, orgulhoso.
8. **Andar simétrico em demasia** — mediocridade.

O orador tem de ser de personalidade ousada e ter um andar firme. Com passadas largas, deverá dirigir-se à tribuna ou ao ponto que irá proferir sua palestra. Nunca caminhe com uma postura curvada, como se carregasse o peso da dívida externa do Brasil em suas costas. Tenha uma postura elegante, mantendo a cabeça no eixo do corpo em linha reta, sem jogar o peso em uma das pernas, para não comprimir o diafragma.

Já que a comunicação humana está ligada ao comportamento da personalidade humana, torna-se indispensável alguns conhecimentos sobre a personalidade, para darmos o devido valor ao domínio da palavra falada, como primordial no relacionamento humano. Estaremos sendo aceitos ou rejeitados até mesmo pelo grupo de amigos, pela maneira como falamos.

Muitas pessoas estão preocupadas com a aparência (roupas, jóias, forma física...), mas se esquecem de que o que mais fazemos na vida é falar e ouvir e no entanto não dão o devido valor à arte de falar e ouvir em público.

Cuidem do vocabulário, sendo ele coloquial, pois a preocupação com palavras eruditas, inusitadas, poderão tornar pedante a construção de suas frases ao transmiti-las, como também estará revelando a sua satisfação intelectual para consigo mesmo, sendo de caráter ridículo e defeituoso na comunicação humana.

Eis que vos digo um mistério:

> *"Nem todos dormiremos, mas transformados seremos todos, num momento, num abrir e fechar de olhos..."*
>
> Coríntios 15:51b -52a

A Bíblia nos diz que "seremos mudados num piscar de olhos..." Seremos mudados se quisermos ser.

A humildade e a flexibilidade nos mostra: O que se curva é bem mais difícil de quebrar... A flexibilidade não vem naturalmente e querer transformar o outro é *crucial para obter o resultado que estou querendo através deste livro. Para que a flexibilidade flua em você é preciso que você sinta a necessidade de mudar. Não importa quantos anos você tenha, pois a velhice está dentro de sua cabeça. Talvez essa seja a maneira de você começar a quebrar a sua resistência, transformando as suas confissões negativas em positivas.*

> *"A vida não é uma coisa estática. As únicas pessoas que não mudam suas mentes são os incapazes nos asilos, porque não podem e aqueles no cemitério."*
>
> Everetl Dirksen

Capítulo

10

Tribuna

"Não sabe falar quem não sabe calar."

Pitágoras

"No que diz respeito a todos os atos de iniciativa e criação, há uma verdade elementar assim que a pessoa se engaja definitivamente: a Providência também entra em ação."

Johann Wolfgang Von Goethe

A tribuna requer postura, formalidade, seriedade e sobriedade no vestir-se.

Ela foi feita para apoiar as folhas de papéis de seu discurso, portanto não se debruce por cima dela. Não levante as folhas, só em último caso, quando tiver dificuldade em ler. As folhas deverão vir em ordem, soltas, numeradas para facilitar o manuseio das mesmas.

É muito comum depararmo-nos com palestrantes chegando à tribuna de cabeça baixa, não conseguindo encarar o auditório de tanta tensão. Ao dar início a sua fala, a primeira palavra que flui da boca é: **Desculpa!** Desculpa por não ter um tempo hábil para preparar a minha palestra, pois o meu papagaio, coitado, faleceu... Matam o papagaio, o cachorro e comprometem toda a família até encontrarem domínio da tensão para iniciarem a palestra. A desculpa por muitas vezes é um pretexto que encontramos naquele momento como justificativa de nossa inércia diante e mediante a situação de enfrentarmos a platéia. Se você tiver tal atitude, estará passando um atestado de insegurança ao dizer que não houve tempo hábil por esse ou aquele motivo. Ressaltando a falta de domínio sobre o assunto.

> *"O tempo se escoa veloz e resta apenas a dor de sabê-lo o mal perdido."*
>
> Juan Aquino

O filósofo Heráclito afirma: "Nenhum homem podia entrar duas vezes no mesmo rio. Por quê?

— *Porque quando entrassem pela segunda vez, o rio que sempre corre e passa é outro."*

Se você não está apto a falar sobre aquele assunto, é melhor não assumir tal compromisso. Mas cuidado com a postergação. Ao recebermos um convite ficamos algumas vezes postergando sem querer tomar a decisão, ficando sempre a resposta para um amanhã. Um amanhã que nunca chega...

Agora pergunto: Quando é que você vai estar preparado para dirigir-se à tribuna e ter a coragem para falar em público?

Nunca!, respondo por você. É preciso ter coragem. Como dizia nobremente Aristóteles: "A coragem é a virtude que torna os homens capazes das grandes ações."

É preciso jogar-se no tempo. O tempo não volta atrás e talvez não haja outra oportunidade. Há coisas que não recuperamos na vida e uma delas é a oportunidade perdida. *Não caia na procrastinação.*

Eu posso — eu quero — eu falo. O querer e o poder se unidos são tudo. Se divididos, são nada.

Devemos acreditar que de nada adiantará ter adquirido tanta sabedoria aqui no planeta Terra se não passarmos esta sabedoria a outras pessoas por medo de enfrentar uma tribuna. Devemos ter humildade para entender que: *Para não vivermos na ignorância é preciso um eterno aprendizado*. O sábio quanto mais sabe, sabe quanto mais lhe resta saber com a vida. Sabedoria e humildade, união perfeita. Temos muito a passar para outras pessoas, mas também temos muito a aprender.

> *"É no momento de decisão que seu destino é traçado."*
>
> Anthony Robbins

Nesse exato momento, poderemos estar guardando dinheiro na caderneta de poupança, para gastarmos mais tarde, mas é impossível guardar as oportunidades que chegam hoje, para usá-las num amanhã, pensando que este não é o momento oportuno. Se postergarmos a oportunidade para um amanhã de um momento oportuno, este tempo poderá não mais existir.

> *"Dar-lhe-ei tudo o que me pedir, exceto mais tempo."*
>
> Napoleão

Em qualquer situação é preciso manter a calma.

Duas rãs vinham passeando pela fazenda felizes da vida e, quando atravessavam o curral, uma das rãs disse:

— Que tal uma competição? Quero ver quem consegue dar o salto mais alto.

— Tudo bem — disse a outra rã.

— Só que precisamos de emoção. Vamos subir na borda lateral daquela tina de creme de leite — disse a rã que propôs a competição.

— Mas o salto da borda da tina de creme de leite é perigoso. Se cairmos dentro da tina, poderemos morrer afogadas...

— Numa competição, ou você perde ou você ganha. É preciso estar preparado para o resultado.

E lá foram elas. Subiram a borda da tina e pularam. Pularam e caíram as duas dentro da tina de creme de leite.

A rã que propôs a competição, apavorada disse:

— Vamos morrer! O que fazer?

— Tenha calma! Use a respiração diafragmática. Vamos pular até acabar o nosso ar.

— O quê? Ficar pulando? Vamos nos cansar e morrer do mesmo jeito. — Mergulhou e morreu afogada.

A outra, usando a respiração diafragmática, manteve a calma e continuou pulando, pulando, pulando... E quando se preparava para o último salto, pois já se havia esgotado toda sua força de tentativa de sobrevivência, ela pula e, para sua surpresa, escorrega para fora da tina. De tanto pular, o creme de leite havia virado manteiga, salvando-se assim.

Em toda sua fala, revele sempre uma atitude despojada de qualquer tensão.

"IF"("SE")

(Rudyard Kipling)

Se és capaz de manter a tua calma quando
Todo mundo em redor já a perdeu e te culpa,
De crer em ti quando estão todos duvidando,
E para esses, no entanto, achar uma desculpa;

Se és capaz de esperar sem te desesperares,
Ou, enganado, não mentir ao mentiroso,
Ou, sendo odiado, sempre ao ódio te esquivares,
E não parecer bom demais, nem pretensioso;

Se és capaz de pensar sem que a isso só te atires;
De sonhar sem fazer dos sonhos teus senhores;
Se, encontrando a Desgraça e o Triunfo, conseguires
Tratar da mesma forma esses dois impostores;

Se és capaz de sofrer a dor de ver mudadas
Em armadilhas as verdades que disseste
E as coisas, por que deste vida, estraçalhadas,
E refazê-las com o bem pouco que te resta;

Se és capaz de arriscar numa única parada
Tudo quanto ganhastes, em toda a tua vida,
E perder e, ao perder, sem nunca dizer nada,
Resignado, tornar ao ponto de partida;

De forçar coração, nervos, músculos, tudo,
A dar seja o que for, que neles ainda existe,
E a persistir assim quando exaustos, contudo
Resta a vontade em ti, que ainda ordena: PERSISTE!

Se és capaz de, entre a plebe, não te corromperes;
E, entre Reis, não perderes a maturidade,
E de amigos, quer bons, quer maus, te defenderes,

Se a todos podes ser de alguma utilidade,
E se és capaz de dar, segundo por segundo,
Ao minuto fatal, todo valor e brilho;
Tua é a Terra com tudo que existe no mundo,
E — o que ainda é muito mais — ÉS UM HOMEM, MEU FILHO!

Capítulo 11

Leitura

"Não há água que se transforme num bom vinho se não houver quem multiplique os pães."

Tania Castelliano

"Ler faz um homem completo."

Francis Bacon

Segundo Voltaire: "Lê-se muito pouco e a maioria das pessoas que se queiram instruir lê muito mal."

O amor-próprio, a timidez, a paixão e o espírito de crítica são alguns inimigos espirituais da leitura citados por Faguet.

> *"Digam o que quiserem inimigos da literatura, nós todos pensamos por meio de palavras; e quem não se sabe servir das palavras, não pode aproveitar as suas idéias. Para ser um bom médico, um bom engenheiro, um bom advogado, não é necessário ser um literato, mas é necessário e imprescindível saber falar e escrever."*
>
> Olavo Bilac

Sabemos que a pena é o melhor mestre de quem quer falar bem em público. Só escreve bem quem tem desenvolvido o hábito de fortalecer a mente aumentando seu vocabulário com uma boa literatura.

> *"Ler para matar o tempo é a mesma coisa que solucionar erradamente problemas de matemática."*
>
> Donald Laird

11.1. O Valor da Leitura

Nos Estados Unidos havia uma família de camponeses que trabalhava com a terra, os Carnegie. Nessa família havia um jovem que desde cedo tinha muita vontade de crescer; esse jovem era Andrew Carnegie.

Andrew Carnegie descobriu que tinha um militar que morava próximo com uma biblioteca muito grande e estava dando a oportunidade de todos os sábados irem a sua casa ler os livros.

Então Andrew Carnegie não perdia um sábado. Resultado: Carnegie mais tarde teve uma idéia de montar uma indústria siderúrgica e convidou um amigo para ser seu sócio. Seu amigo vendo seu entusiasmo e a sua vontade de crescer aceitou o convite e assim convidou mais dois amigos para serem sócios. O fruto desse trabalho rendeu uma bela fortuna para todos eles, e Andrew Carnegie tornou-se um dos homens mais ricos dos Estados Unidos.

Antigamente só quem tinha acesso à leitura era a nobreza, a elite, a alta sociedade. Dom Pedro II, no Rio de Janeiro, plantou especialmente uma alameda de árvores, para todos os dias fazer a sua leitura, que era sagrada. Ele sabia da valiosa fonte de conhecimento, de sabedoria, que contém os livros.

Hoje estamos num mundo livre, onde podemos adquirir todos os livros. Mas não estamos valorizando a leitura como ela deve ser valorizada.

A leitura serve de alimento para nossa mente e alma; na leitura encontramos o entusiasmo e passamos a ter mais coragem e acreditar nas coisas com um pensamento positivo que influencia qualquer um.

Os maiores milionários e os maiores autores são frutos da leitura que souberam aproveitar — dos ensinamentos e experiências ali contidos.

O empresário Antônio Ermírio de Moraes, um dos homens mais ricos do Brasil, tem uma biblioteca em sua casa com mais de oito mil livros e afirma já ter lido todos eles.

Roberto Shinyashiki, autor da Revolução dos campeões, *a quem tive a oportunidade de conhecer pessoalmente num seminário em São Paulo, contou sua história. Que veio de família humilde e que dizia a seus amigos que iria ser médico psiquiatra;*

todos riam dele dizendo que isso era impossível, mas a vontade dele crescer era maior, e ele realizou seu sonho graças a sua persistência e os seus objetivos não se limitaram a isso. Disse a um amigo que seu livro seria um best seller, e ele o chamou de louco pois nenhum outro médico psiquiatra havia conseguido antes. Mas ele conseguiu com seu livro A carícia essencial.

Anthony Robbins é um autor que emplacou, graças a sua persistência de querer vencer.

Leo Buscaglia é um autor inovador. Foi o primeiro a dar aulas sobre o amor nos Estados Unidos.

Napoleão Hill escreveu sua grande obra, que é a Lei do Triunfo, *graças ao patrocínio de Andrew Carnegie, que sabia o verdadeiro valor da leitura. E em todos os Estados Unidos há bibliotecas da Organização Carnegie.*

Nós estamos na era da informação do conhecimento; só vai crescer daqui para a frente quem estiver muito bem-informado e com um grande conhecimento. E essas informações, esses conhecimentos nós encontraremos na leitura.

Para terminar, uma afirmação de Bill Gates, hoje o homem mais rico do mundo. Um repórter perguntou-lhe:

— Bill Gates, seus filhos terão computadores?

Ele respondeu:

— Antes dos meus filhos terem um computador, eles terão livros.

(Jarbas Luís Meurer, 19 anos, cursando o segundo grau em Palmas, Tocantins, que nos honrou como aluno do curso "Como Falar em Público".)

11.2. Crie o Hábito da Leitura

Leia em voz alta, usando a palavra cronal e a gesticulação.

> *"São os livros uns mestres mudos que ensinam sem fastio, falam a verdade sem despeito, repreendem sem pejo; amigos verdadeiros; conselheiros singelos; e assim como é a força de tratar com pessoas honestas e virtuosas se adquirem, insensivelmen-*

te, os seus hábitos e costumes, também a força de ler os livros se aprende a doutrina que eles ensinam. Forma-se o espírito, nutre-se a alma com os bons pensamentos; e o coração vem por fim a experimentar um prazer tão agradável, que não há nada com que se compare; e só sabe avaliar quem chegar a ter a fortuna de o possuir."

Pe. Antônio Vieira

"A palavra foi dada ao homem para dissimular os pensamentos."

Talleyrand

Discurso de Abraham Lincoln

"Há oitenta e sete anos nossos pais fundaram uma nova nação neste continente, concebida em liberdade e dedicada à proposição de que todos os homens são criados iguais.

Hoje estamos empenhados em uma grande guerra civil, verificando se esta nação, assim concebida e assim dedicada, é capaz de sobreviver. Encontramo-nos em um grande campo de batalha desta guerra. Vimos dedicar uma parte deste campo como último repouso daqueles que deram suas vidas para que esta nação pudesse viver. É inteiramente apropriado que o façamos.

Mas em um sentido mais amplo, não podemos dedicar, não podemos consagrar, não podemos venerar este campo. Os bravos homens, vivos ou mortos, que lutaram aqui já o consagraram muito mais que o nosso pobre poder de acrescentar ou retirar. O mundo não dará muita atenção, nem lembrará por muito tempo o que dizemos que aqui se fez. Nós, os vivos, devemos sim dedicar-nos aqui à grande tarefa que se nos apresenta, que desses mortos venerados tiremos uma maior dedicação à causa pela qual deram a prova máxima de devoção, que aqui tomemos a decisão de que suas mortes não foram em vão — *de que esta nação, sob a proteção de Deus, terá um novo despertar de liberdade — e de que o governo do povo, pelo povo, e para o povo não desaparecerá da terra."*

Abraham Lincoln

Capítulo 12

A Arte de Saber Ouvir

"Ouço e observo, portanto aprendo a viver."

Tania Castelliano

"Os homens admiram a altura dos montes, as imensas ondas do mar, as vertiginosas correntes dos rios, a latitude interminável do oceano, o curso dos astros, e se esquecem do muito que têm de admirar em si mesmos."

Confissões, de Santo Agostinho

Saber ouvir é uma arte. Um ato de amor e benevolência para com o próximo.

O ato de falar e ouvir requer concentração, por isso não podemos ouvir e falar ao mesmo tempo, porque necessitamos de concentração. O fato de você compreender sua mensagem não significa que ela está sendo compreendida por quem lhe está ouvindo. É preciso estar atento para interpretar a mensagem corretamente.

Dê ao outro a oportunidade de falar. A renúncia é um ato de benevolência para com o outro.

Tolstoi conta que certa vez, ao sair de casa para passear na mais fria e gélida branca noite de Moscou, um mendigo o aborda e pede-lhe uma esmola. Tolstoi concorda em dar, mas ao tatear seus bolsos não encontra nenhum copeque. Com sua típica distração, esquecera todo o dinheiro em casa. Com um suspiro de genuíno pesar, explicou:

— *Lamento, irmão. Não tenho nada para lhe dar.*

— *Mas o senhor deu-me algo maravilhoso!* — retrucou o pobre.

— *Dei?* — perguntou confuso, Tolstoi.

— *Chamou-me de irmão* — respondeu o mendigo com os olhos marejados de lágrimas e gratidão.

Para o pedinte quase enregelado que não recebeu nada de tangível foi dado algo muito valioso. *O genuíno calor humano da palavra irmão.* (Louis Binstock — *O poder da maturidade.*)

> *"O que dá ouvidos à repreensão da vida, no meio dos sábios fará a sua morada."*
>
> Provérbios 15:31

Falar instruindo é um trabalho divino. Saber ouvir é um trabalho mais grandioso ainda, pois temos que ir pinçando e selecionando o que deverá ficar em nossa mente e em nosso coração. Um exercício que alimenta e fortifica a alma sem que todas as palavras fiquem perdidas ao vento.

Para prender a atenção daqueles que nos ouvem, é preciso ter muita habilidade. Manter uma sintonia para que compreendam nossas idéias, pois os pensamentos das pessoas que nos ouvem seguem direções diferentes dos nossos. Não significa que você esteja errado se alguém discorda de seus pensamentos, pois as pessoas esperam ver e ouvir nas palavras, suas próprias idéias e pontos de vista. Há diferenças de opinião, mas prevalece a liberdade.

É preciso criar o hábito de desenvolver a audição. Ao barbear-se, vestir-se, tomar banho, café, ler, estudar... crie o hábito de ouvir uma música ao fundo, no ambiente em que você se encontrar. Quando você estiver com a mão ocupada saiba que a mente estará aberta através do seu ouvido para captar este exercício.

Crie o hábito de ler em voz alta todos os dias, com clareza e expressividade, durante dez minutos.

> *"O coração é bastante grande para conter muito amor. Quanto mais você dá, mais você o tem."*
>
> Victor Hugo

Leia e grave a letra da música do poeta Vinicius de Moraes, com inflexão, colorido e dando ênfase na palavra cronal. Depois ouça a gravação para poder eliminar a aspereza da voz.

PROCURA-SE UM AMIGO

Procura-se um amigo.
Não precisa ser homem, basta ser humano,
Basta ter sentimento, basta ter coração.
Precisa saber falar e calar, sobretudo saber ouvir.
Tem que gostar de poesia, de madrugada, de pássaros.
De sol, da lua, do canto dos ventos e das canções da brisa.
Deve ter um grande amor por alguém.
Ou, então, sentir falta de não ter esse amor.
Deve amar o próximo e respeitar a dor que os passantes levam consigo.
Deve guardar segredo sem se sacrificar.
Não é preciso que seja de primeira mão,
Nem é imprescindível que seja de segunda mão,
Pode já ter sido enganado,
Pois todos amigos são enganados.
Não é preciso que seja puro, nem que seja de todo impuro,
Mas não deve ser vulgar.
Deve ter um ideal e medo de perdê-lo,
E no caso de assim não ser,
Deve sentir o grande vácuo que isso deixa.
Tem que ter ressonâncias humanas.
Seu principal objetivo deve ser o de amigo.
Deve sentir pena das pessoas tristes,
E compreender o imenso vazio dos solitários.
Deve gostar de crianças e lastimar as que não puderam nascer.
Procura-se um amigo para gostar dos mesmos gostos,
Que se comova quando chamado de amigo,
Que saiba conversar de coisas simples,
De orvalho, de grandes chuvas, das recordações da infância.
Precisa-se de um amigo para não enlouquecer,

Para contar o que viu de belo e triste durante o dia.
Dos anseios e das realizações, dos sonhos e da realidade.
Deve gostar de ruas desertas, de poças de água,
De caminhos molhados, de beira de estrada,
De mato depois da chuva, de se deitar no capim.
Precisa-se de um amigo que diga que vale a pena viver,
Não porque a vida é bela,
Mas porque já se tem um amigo.
Precisa-se de um amigo para se parar de chorar,
Para não se viver debruçado no passado
Em busca de memórias perdidas.
Que bata nos ombros, rindo, chorando,
Mas que nos chame de amigo.
Para se ter consciência de que ainda se vive.

Vinicius de Moraes

CAPÍTULO 13

Cultura, Educação, Escolaridade

"Para não permanecermos na ignorância é preciso um eterno aprendizado."

Tania Castelliano

"Aprender é descobrir aquilo que você já sabe.
Fazer é demonstrar que você o sabe.
Ensinar é lembrar aos outros que eles sabem tanto quanto você.
Vocês são todos aprendizes, fazedores, professores."

Richard Bach

Não há muita diferença entre os conhecimentos dos professores, mas o grande mestre é aquele que desperta nos alunos a vontade de aprender.

Não descuide da inteligência do seu auditório. A inteligência faz parte da verdade.

São Tomás de Aquino divide a mentira em duas partes: *a primeira por excesso e a segunda por defeito.* A mentira por excesso é a que diz mais que devia, e a mentira por defeito, é a que falta com a verdade porque diz o mesmo.

As pessoas poderão ter a mesma **escolaridade**, mas não necessariamente a mesma **educação** e nunca a mesma **cultura**.

Quando falamos para um público, necessitamos de usar de **tato**, **habilidade** e **cortesia** para não ferirmos ninguém. A cortesia significa respeito pelo homem simples. Um rurícola, por exemplo, tem a sua cultura da terra, do arado e da semente que poderá não ser a mesma que a sua. No entanto, se você usar de tato e cortesia saberá respeitar os valores da cultura, educação e escolaridade inseridos no ser humano de maneiras divergentes da sua, usando sempre de uma comunicação transparente.

Ao comunicar sua idéia, atente: ***você***; ***sua mensagem***; ***e a quem é dirigida***.

O seu público é composto de pessoas visuais, auditivas e sinestésicas, portanto saiba que você tem que ser: **visto, ouvido e compreendido**. Recorra aos recursos visuais, usando transparências, *slides*, cartazes, quadros etc.

Mas não esqueça da sua voz bem amplificada ao microfone. E não descuide da postura e da aparência, se locomovendo vez por outra, caso seja permitido em sua palestra.

Não faça de sua palestra um **xadrez** de **pensamentos** e **palavras**.

O exórdio deve ser digno do assunto. Claro como o brilho das estrelas no seu estilo mavioso e natural, ordenado na argumentação do tema para não prejudicar a atenção aos pensamentos.

> *"Uma só palavra, às vezes, é bastante para destruir a desdita dos homens."*
>
> Chateaubriand

Usando o fermento de marca **entusiasmo**, para levedar a atenção da platéia, inicie sempre contando uma história que esteja de acordo com o tema. A história, além de prender a atenção, fixa o tema abordado na memória da platéia. Acrescente uma pitada de humor paralelamente no decorrer da palestra. O riso faz bem à alma. Mas não caia na vulgaridade, contando certos tipos de piadas.

Termine sua fala com uma frase de efeito. Um pensamento filosófico, ou um pensamento bíblico, que esteja de acordo com o tema. A frase de efeito é que vai marcar sua imagem na memória de quem lhe aplaude.

> *"O que o lagarto chama de fim de mundo, o mestre chama de borboleta."*
>
> Richard Bach

INVISÍVEL
(Diana Mazur/G. Franco)

Era uma vez...
Um menino comum.
Tão comum, mas tão comum,
que ninguém reparava nele.
Invisível?
Não era feio nem bonito
nem grande nem pequeno.
Inteligente?
Nem tanto,
Mas também não era burro.
Às vezes, carinhoso
às vezes manhoso
e sempre triste.
Tinha muitos irmãos, primos e colegas de turma, mas poucos amigos.
Ficava sempre sozinho.
Sem ninguém reparar nele.
De vez em quando, ficava esperando um tipo patinho feio virar cisne, milagre, e aí...
Aí, todo mundo ia reparar nele e gostar dele.
Não ia ser somente um menininho perdido no meio da multidão.
Mas, o milagre não acontecia... nunca.
Um dia, até a mãe reparou que ninguém reparava nele e o levou à psicóloga, que não reparou nele e se esqueceu de atendê-lo.
O menino foi ficando cada vez mais triste... triste...
e acabou vendo que não era de milagre que precisava, nem de psicóloga.
Precisava era acabar com a tristeza.
Descobriu que era a tristeza que o fazia **"invisível"**.
E... aprendeu a sorrir.
Era uma vez, um menino comum, nem grande nem pequeno, nem inteligente, nem burro.
Carinhoso e manhoso, que se chamava Felipe.
E era muito feliz.

Sem abrir os olhos,
Sem olhar o mundo,
Sem sorrir,
Sem se mostrar.
A gente fica impossível.
Qualquer um fica invisível.

Capítulo
14

Discurso

"Ter convicção é acreditar naquilo que se diz."
Tania Castelliano

"Há o orador de charme, o orador que pede desculpas, o orador a quem parece que se deve pedir desculpas e o orador indesculpável. Há muitos tipos de oradores. Mas poucos sabem acabar o seu discurso. Creio que no dia em que souberem acabar um discurso, serão um orador. E só é orador aquele que, acabando, tem certeza de que disse tudo o que era preciso, como era preciso, quando era preciso." (Isto não é da minha lavra.)

Orador mesmo é aquele que dá tempo ao seu ouvinte de pensar no que ele está dizendo. Isto é, o que os silêncios do auditório põem à sua disposição. Por esta razão devemos fazer uso da palavra cronal. Quando damos inflexão a palavra e reabastecemos nosso diafragma de ar, dando ao ouvinte momento de reflexão do que falamos. Não tenha medo das pausas. *Pois, afinal, a eloqüência não é senão a arte sutil e poderosa de suscitar nos outros as mesmas reações que levam o falante a dizer o que pensa e o ouvinte a pensar como bem entende.*

Uma das regras mais sérias — esta, sim, fixa e eterna, mas rarissimamente seguida — da arte de falar em público é a de acabar na hora exata. "Make your conclusion a capstone", *diz um livro de texto sobre o bem falar. A comparação da eloqüência com a arquitetura é, aliás, freqüente. Ambas dependem de uma boa construção. E a arquitetura moderna brasileira, por isto mesmo, pode ser comparada ao gênero frajola, embelecado, modernoso, em matéria de discursos.*

É certo que nem todos seguem a boa regra. O falecido Stalin desenvolveu a técnica das perguntas e respostas. Ele mesmo respondia, ele mesmo perguntava; teria aprendido com Marx, mas o certo é que aprendeu antes no seminário. Dar-se-ia, em sua homenagem, o nome de retórica dialética de funcionamento automático. Tem a vantagem, realmente inestimável em certos casos, de suprimir o interlocutor. E Stalin suprimia-os aos milhões, reduzindo-os à situação ideal — do ponto de vista da técnica de perguntas e respostas — de meros ouvintes.

> *"Gostaria de entretê-los ainda, caros ouvintes, sobre a técnica de lavagem interna do crânio e suas repercussões na arte de falar em público. Mas outra mais exigente nos reclama: a de calar em tempo."*
>
> Carlos Lacerda

(*Comunicações verbais* — módulo 9, p. 11)

Um dos maiores oradores da modernidade foi Carlos Lacerda. Na tribuna, seus discursos políticos eram magistrais. Uma das maiores heranças deixadas pelo seu pai Maurício de Lacerda, ***o dom da palavra***.

Depois de Carlos Lacerda, aponto como grande orador da modernidade o ex-presidente Fernando Collor de Mello, com postura impecável, veemente nos debates, com estilo direto, empregando um vocabulário simples, embora sem muita retórica.

Antes de começar a falar organize seu quadro mental. Saiba:

1. O que falar.
2. Quando falar.
3. Quanto falar.
4. Como falar.
5. Quando calar.

Toda fala, seja saudação, alocução, sermão, brinde, palestra, conferência, reunião, aula, homenagem, apresentação... deve ter um mínimo de preparo, obedecendo a ordem cronológica do quadro sinóptico mental.

"A melhor roseira não é a que tem menos espinhos, mas a que produz as rosas mais delicadas."

Henry Van Dyke

ESQUEMA DO DISCURSO:

1. Vocativo
2. História
3. Introdução
4. Corpo do discurso
5. Conclusão
6. Frase de efeito

O *vocativo* é o seu primeiro contato com o público. Conte uma *história* que esteja ligada ao tema.

A *introdução* tem de ser magistral, as primeiras cinco palavras têm de ser muito bem selecionadas. Ela deve ser curta. Exemplo: Gostaria de abordar, nesta noite, sobre o tema: **Somente triunfa aquele que quer...**

O *corpo do discurso* é a sua razão de estar ali para passar a mensagem. Jogue um pouco de humor paralelo, mas sem contar certos tipos de piadas que só vão deteriorar sua imagem. Procure falar de forma que seu público faça uma viagem de recordações, despertando sempre a curiosidade. Transmita coisas novas com originalidade, clareza e objetividade. Não use palavras desnecessárias. Mostre que você tem domínio do assunto com entusiasmo e confiança.

Divida o corpo do discurso em três partes. No exemplo do tema acima fale sobre o que aconteceu tempos atrás. Depois fale acerca do que está acontecendo no momento e finalmente aborde um exemplo do que ocorrerá mais tarde. Se lançar uma dúvida no seu discurso, apresente a solução.

Não refute o seu objetivo que é o tema da palestra.

Na *conclusão* faça uma análise final dos pontos principais de seu discurso e termine com a *"FRASE DE EFEITO"* e *"MUITO OBRIGADO"*.

"As palavras sem os pensamentos não chegam ao céu "

Shakespeare

14.1. Tipos de Discursos

1 — Manuscrito — Quando o orador tem de falar lendo. Em geral é usado em momentos que requer fala de números.

2 — Memória — Não decore seu discurso. Por melhor que seja a sua memória, não confie nela. Se ela falhar, seu discurso ficará perdido.

3 — Improviso — O improviso requer preparo e estudo. É preciso muita criatividade para recorrer às suas experiências, seus estudos, seus projetos, seus sentimentos, suas crenças. Nunca se esqueça de levar a pasta da cultura onde você já tem arquivado todos os ensinamentos diários da vida. Lembre-se. *O seu maior mestre é a vida.*

4 — Sumário — Esta é a maneira mais elegante de falar em público. Com os tópicos principais anotados em uma folha de papel, para que você não se perca. O sumário dá a sensação de que estamos falando de improviso, criando, assim, uma maior empatia com o público.

CAPÍTULO 15

Treine

"Tu és responsável por aquilo que cativas."

Saint-Exupéry

> *"Devemos desejar uma bonita voz, mesmo que não dependa de nós possuí-la, dependerá de nós cultivá-la e fortificá-la."*
>
> Cícero

Todos os grandes oradores treinavam incansavelmente e exercitavam sempre que tinham uma oportunidade. Talvez você não sinta necessidade de continuar exercitando, para modular sua voz, mas o seu público sente. Se 10% é inspiração e 90% transpiração, se faz necessário treinar ininterruptamente.

Crie o hábito de ler. A deficiência na leitura acarreta em sua vida profissional uma alienação. Quem fala em público tem de ser bem-informado, portanto leia atentamente sem se afogar literalmente. Sabemos que a pena e a leitura são ferramentas para seu progresso intelectual como ser racional em evolução.

O orador não pode zangar-se. **Nunca!** Não deixe a emoção ultrapassar a razão.

> *"Se você não possui um temperamento irritadiço então não alimente o hábito. Não faça nada para aumentá-lo. Fique quieto no início e calcule os dias em que não se zangou. Eu costumava irritar-me diariamente, depois dia sim, dia não, então a cada três ou quatro dias. E se você mantiver a calma por um mês, faça um sacrifício a DEUS."*
>
> Epicleto — nascido por volta de 60 a.C.

15.1. Lembretes para Falar em Público

- Em qualquer situação é preciso manter a calma. **Respiração diafragmática.**
- Transmita a impressão de absoluta calma ao caminhar à tribuna ou ao local em que você vai se pronunciar.
- Caminhe com passos firmes, nem devagar nem depressa demais.
- **Elegância** no caminhar.
- Não se esconda atrás da tribuna. Fique no centro ou no lugar indicado. O **orador** tem de ser **visto, ouvido** e **compreendido.**
- Procure construir frases elegantes, fazendo uso de um vocabulário coloquial.
- Respeite a **pronúncia** correta das palavras.
- Evite o excesso de gestos. A **gesticulação** deverá ser natural, **congruente** com o seu **pensamento.**
- Seja **objetivo** e **original.**
- Esteja sempre atento para os fatos.
- Crie o hábito de escrever, anotando tudo que é novidade.
- Empregue o **humor**, que é o antídoto para fixar melhor suas idéias.
- **Transmita** a impressão de absoluta **calma.**
- Não fale com a **boca fechada**, com o **peito**, com o **nariz**, com o **fundo** da **garganta.**
- **Articule** bem as palavras, respeitando a **pronúncia** correta.
- Organize o pensamento em silêncio antes de expressar-se.
- Dê **alma** à palavra falada, revestindo-a de **brilho**, **colorido** e **entusiasmo.**
- Não seja arrogante, irônico. Seja cristalino em sua simplicidade.
- **Carisma.**
- **Objetividade.** Não canse seu público com palavras desnecessárias.
- Fale somente o **imprescindível.**
- Cuidado para não cair na vulgaridade, contando piadas para tentar relaxar.
- **Tempo.** Cumpra rigorosamente o tempo de sua palestra.

- Seja **natural, bem-informado.**
- Não seja **prolixo**. Seja breve e educado.
- Não esqueça da **humildade, habilidade** e **flexibilidade.**
- Fale com firmeza sonorizando e projetando bem a **voz** ao microfone.
- Não fale até o fim do fôlego, nem além dele.
- Faça pausas tranqüilas para **respirar** sem medo do silêncio.
- **Aparência** elegante de um humilde nobre.
- Não fixe o **olhar** em uma única pessoa, ou em um ponto perdido no espaço.
- Não fique repetindo **palavras vicárias**, enquanto procura penosamente na cabeça uma expressão (então... né... é... tá certo... não é isso, repetição da última palavra ou sílaba dita etc.).
- Pense em **silêncio**, sem medo das pausas. Se não encontrar a palavra exata, use um circunlóquio.
- Se não encontrar a palavra que procura, use outra de sentido semelhante ou altere, ligeiramente, a que pretende dizer.
- A palavra **esperança** é a solução para os chamados brancos, mas para usá-la é preciso dominar a criatividade para o improviso.
- Fale com **entusiasmo**. O entusiasmo é a alma do discurso.
- Não decore o que tem a dizer. Siga um roteiro, baseado no sumário.
- Nunca imite ninguém, tire o melhor dos seus recursos mais autênticos.
- Quanto mais expressivo você for, maior o carisma, maiores os aplausos.
- Olhe para todos no auditório. Todos merecem a sua atenção.

> *"Devemos cultivar nossos jardins."*
>
> Voltaire

> *"Certo semeador saiu a semear. E quando semeava, parte da semente caiu à beira do caminho, e vieram as aves e a comeram. Outra parte caiu em terreno*

> *pedregoso, onde não havia terra bastante, e logo nasceu, porque a terra era funda. Mas saindo o sol, queimou-se, e secou-se porque não tinha raiz. Outra parte caiu entre espinhos, e os espinhos cresceram e a sufocaram. Outra parte caiu em boa terra, e deu fruto: uma semente produzindo a cem, outra a sessenta e ainda outra a trinta por um."*
>
> Mateus 13:3 a 8

A **beleza**, a **cor** e o **perfume** da **rosa** são formas intrínsecas que partem de uma semente. Para que essa semente germine, no entanto, são necessários cuidados. Um cultivo requer carinho, amor, dedicação e determinação, porque do contrário ela ficará estática, inexpressiva, sem vida.

Assim é você. Nutra sua postura e seu crescimento para com o público, adubando seu estudo e treinando para que seus pensamentos e suas experiências de vida possam florescer com o perfume e a beleza da rosa.

Frases de Efeito

Trabalhe a pronúncia correta, exercitando as palavras cronais com a inflexão da voz e gesticulação.

Um discípulo só poderá procurar um mestre quando estiver decepcionado consigo mesmo. Senão ele iria querer mudar o mestre em vez de deixar-se ajudar.

— Buda

O coração é bastante grande para conter muito amor. Quanto mais você dá, mais você tem.

— Victor Hugo

Quando você nasceu, todo mundo sorria, só você chorava. Viva de tal maneira que, quando você morrer, todo mundo chore e só você sorria.

— Anônimo

A honra não consiste em nunca cair, mais levantar-se cada vez que se cai.

— Confúcio

Em meio a todos os mistérios que nos cercam nada é mais certo que estarmos em presença de uma energia infinita e eterna, da qual todas as coisas procedem.

— Hebert Spencer

Quem pede o ilícito, merece que lhe neguem o lícito e o justo, e quem requer com consciência, com justiça e com razão merece que lhe façam.

— Pe. Antônio Vieira

Gosto de ver um homem orgulhoso de sua Pátria, e gosto de vê-lo viver de tal forma que a Pátria se sinta orgulhosa dele.

— Abraham Lincoln

A vida não basta ser vivida, é preciso ser sonhada.

— *Mário Quintana*

Somos o que pensamos.

— *Buda*

Muitas experiências dessa ordem ensinaram-me que a verdadeira sede do saber não está na língua, e sim na mente.

— *Gandhi*

Quem conhece os outros é um sábio, quem conhece a si mesmo é um iluminado.

— *Lao-tsé*

A persistência é o caminho do êxito.

— *Charles Chaplin*

O único homem que nunca comete erros é aquele que nunca faz alguma coisa. Não tenha medo de errar, pois aprenderá a não cometer duas vezes o mesmo erro.

— *Roosevelt*

Nada há no mundo tão contagioso como o entusiasmo. É essa a verdadeira alegoria da lenda de Orfeu. O entusiasmo faz dançar as pedras e encanta as feras. É o gênio da sinceridade e sem ele a verdade não conquista vitórias.

— *Bulwer*

O homem é capacitado para ter o livre-arbítrio, porém é incapacitado na hora de usá-lo. Na maioria das vezes, escolhe o caminho errado.

— *Tania Castelliano*

Nada podes ensinar a um homem. Podes fazê-lo descobrir coisas de si mesmo.

— *Galileu Galilei*

Frustrar alguém no amor é a mais terrível decepção, é uma perda eterna para a qual não há compensação, na vida ou na eternidade.

— *Kierkegaard*

A arte é um sentimento difícil de ser definido. O seu tema, por mais importante e grandioso que seja, pode ser sempre simplificado ao

ponto de ser compreensível por todas as pessoas. É aí, então, que a arte atinge a sua forma mais sublime.

— ***Charles Chaplin***

A grande finalidade da vida não é o conhecimento e sim a ação.

— ***Thomas Huxley***

A melhor roseira não é a que tem menos espinhos, mas a que produz as rosas mais delicadas.

— ***Henry Van Dyke***

Pedi e se vos dará; buscai e achareis; batei e vos será aberto.

— ***Mateus 7:7***

Nada de grande jamais será realizado sem grandes homens, e os homens só são grandes se estiverem determinados a sê-lo.

— ***Charles de Gaulle***

Acho que o amor é muito parecido com o espelho. Quando amo alguém, essa pessoa torna-se meu espelho e eu me torno o dela; refletindo-se um no amor do outro, vemos o infinito.

— ***Leo Buscaglia***

Um objetivo na vida é a única fortuna valiosa que se encontra; não se deve procurá-lo em terras estranhas, mas dentro do coração.

— ***Robert Louis Stevenson***

O conhecimento do mundo só poderá ser adquirido no mundo, não dentro de um armário.

— ***Lorde Chesterfield***

Se você aceita o pequeno como ele se vê, o fraco pela força que tem e o fosco pela luz que dá, então tudo irá bem. Chama-se isso agir naturalmente.

— ***Lao-tsé,* Tao Te King**

A ausência diminui as paixões medíocres e aumenta as grandes, como o vento apaga as velas e atiça as fogueiras.

— ***La Rochefoucauld***

A palavra é o veículo da comunicação.

— ***Benjamin Constant***

Eu mandei olhar a vida dos homens, como se fossem um espelho, e a dos outros para tirar um exemplo para si.

— *Terêncio*

Uma só palavra, às vezes, é bastante para destruir a desdita dos homens.

— *Assis Chateaubriand*

Na chave certa, alguém pode dizer qualquer coisa. Na chave errada, nada. A única parte delicada é a da escolha da chave.

— *George Bernard Shaw*

Uma pessoa pode permanecer parada no mundo correnteza, mas não no mundo dos homens.

— *Provérbio japonês*

O caráter de um homem é sua divindade guardiã.

— *Heráclito*

No Brasil de hoje não há espaço para a tranqüilidade. Ninguém mais tem posição garantida, e é preciso correr para não perder o lugar.

— *Frank Kanitz*

A alegria de viver e a sua beleza estão intimamente ligadas ao fato de que a vida pode surpreender você.

— *Frank Herbeth*

Quando um homem forma um caráter íntegro, pouco importa o que os outros digam a seu respeito, porque afinal ele vencerá.

— *Napoleon Hill*

Não é aquilo que você diz ou conta ao aluno, e sim aquilo que ele pensa depois de ouvir suas palavras; não é aquilo que ele pensa depois de ouvir suas palavras; não é aquilo que você faz por ele, e sim aquilo que ele faz com suas próprias mãos; não é a impressão, e sim a reação dele que determina o seu desenvolvimento. Você não pode enfiar idéias na cabeça do aluno; suas palavras são apenas símbolos das idéias que estão em sua mente. O aluno deve interpretar tais símbolos e com isso construir suas próprias idéias. O ensino só obtém êxito quando leva o aluno a agir.

— *L. A. Weigle*

Tudo se acaba com a morte, e tudo se acaba com a morte, e até mesmo a morte.

— Pe. Antônio Vieira

É preciso não relaxar nunca, mesmo tendo chegado tão longe.

— Paulo Coelho

Um homem de palavras virtuosas nem sempre é um homem virtuoso.

— Confúcio

Quando um paradigma muda, tudo volta a zero.
Seu passado glorioso não lhe garante nada.

— Joel Barker

Uma palavra fere mais profundamente que uma espada.

— Burton

As palavras são como moedas, que uma vale por muitas como muitas não valem por uma.

— Quevedo

Se o autor não se emocionar com a sua própria criação, dificilmente pode esperar que os outros façam.

— Charles Chaplin

Uma injustiça feita a um só é uma ameaça feita a todos.

— Montesquieu

O mais forte é aquele que sabe dominar-se na hora da cólera.

— Maomé

Há muitos inimigos, mas os soldados são poucos.

— Alexandre o Grande

Quando entrares na vinha do teu próximo, poderás comer uvas até te fartares, porém não as levarás no cesto.

— Deuteronômio 23:24

A diferença na espera depende da esperança.

— Tania Castelliano

Não tente viver para sempre. Você não se sairá bem.

— Bernard Shaw

Transformação é uma porta que só abre por dentro.
— Provérbio francês

A beleza e a vitalidade são presentes da natureza para aqueles que vivem segundo suas leis.
— Leonardo da Vinci

O que cria um verdadeiro empreendedor é sua competência para instruir, imaginar, farejar um novo negócio. É necessário saber o que as pessoas vão precisar, antes que elas mesmas saibam.
— Roberto Shinyashiki

Ser otimista é permitir que a esperança acredite que nada acontece por acaso.
— Tania Castelliano

Quando o mar está calmo qualquer barco navega bem.
— William Shakespeare

É a instrução a melhor provisão de viagem para a parada da velhice.
— Sólon

A maturidade não é um objetivo mas sim um processo.
— Leo Buscaglia

Verdades irracionalmente mantidas podem ser mais prejudiciais que erros racionalmente cometidos.
— Thomas Huxley

Os planos mais bem traçados de ratos e homens fracassam, muitas vezes, e não nos deram a não ser tristeza e dor, lugar de alegria prometida.
— Burns

Quem perde seus bens perde muito. Quem perde um amigo, perde mais, mas quem perde a coragem perde tudo.
— Cervantes

Tirar a capacidade produtiva de um homem é o mesmo que induzi-lo à morte.
— Tania Castelliano

O anoitecer da vida deve também possuir um significado próprio e não pode ser, apenas, um apêndice lamentável da manhã da vida.
— Carl Jung

A inteligência é a insolência educada.

— *Aristóteles*

Os dias prósperos não vêm por acaso, nascem de muita fadiga e persistência.

— *Henry Ford*

Palavras sábias atravessam o tempo sem envelhecer.

— *Tania Castelliano*

Muitos passam a vida procurando o sucesso quando, normalmente, ele está tão perto que podemos estender a mão e tocá-lo.

— *Og Mandino*

A melhor maneira de melhorar o padrão de vida é melhorar o padrão de pensamentos.

— *Anderson*

O mundo se afasta e dá passagem para o homem que sabe aonde vai.

— *David Star Jordan*

Aquilo que eu escuto, eu esqueço.
Aquilo que eu vejo, eu lembro.
Aquilo que eu faço, eu aprendo.

— *Confúcio*

A palavra é minha quarta dimensão.

— *Clarice Lispector*

Deu-me a mão para beijar; beijei-a e me converti em seu escravo.

— *Voltaire*

Pela manhã, a oração é a chave que irá abrir-me os tesouros das bênçãos de Deus e à noite, é a chave que me coloca sob Sua proteção.

— *Og Mandino*

O alcoólatra recuperado é aquele que pode tirar outro alcoólatra do desespero.

— *Rosemary Haughton*

O amor é a única resposta sadia e satisfatória para o problema da existência humana.

— *Erich Fromm*

A diferença entre casamento e cerimônia. Que um casamento de verdade não é feito por duas pessoas desfilando por uma ponte de arroz, fitas e flores. É descobrir que depois de uma vida inteira eles constituíram a ponte juntos, com as próprias mãos.

— Richard Bach

Não os critiquem, são eles exatamente o que nós seríamos sob idênticas condições.

— Lincoln

Ter convicção é acreditar naquilo que se diz.

— Tania Castelliano

Não se queixe da neve no telhado da casa do seu vizinho, quando a soleira da sua porta não está limpa.

— Confúcio

A abelha não é o único inseto que visita a rosa, mas é a única que leva o seu mel.

— Og Mandino

Minha popularidade, minha felicidade e meu senso de valor dependem sobretudo da minha habilidade no tratar as pessoas.

— Dale Carnegie

A vida é uma aventura ousada ou nada.

— Hellen Keller

Mais vale uma lágrima derramada pela derrota do que a vergonha de não ter lutado.

— Antônio Ermírio de Moraes

Não sabe falar quem não sabe calar.

— Pitágoras

É preciso primeiro aprender a usar a cabeça para depois usar as palavras.

— Tania Castelliano

Não existe amor onde não existe desejo.

— Gandhi

A beleza da alma reflete-se no corpo.

— Sêneca

Um pássaro nunca canta na gaiola.

— *Thoreau*

O Senhor Deus fez meus pés como os da corça, coloca-me sobre lugares altos.

— *Salmo 18:33*

O sucesso provém do pensamento orientado.

— *David J. Schwartz*

A seta disparada pelo arco não fica perambulando para ver o que poderá atingir em seu caminho, mas voa diretamente para o seu alvo.

— *Og Mandino*

Culpa é a tensão que sentimos por mudarmos o passado, presente ou futuro em função de alguém.

— *Richard Bach*

Tudo que vier à mão para fazer, faze-o conforme as tuas forças, pois na sepultura, para onde vais, não há obra nem projetos, nem conhecimento, nem sabedoria alguma.

— *Eclesiastes 9:10*

Nada cresce no gelo. Se deixarmos que a tradição congele nossas mentes, as idéias novas não poderão surgir.

— *David J. Schwartz*

Nem sempre o nosso barco estará à deriva pelas palavras. Enquanto houver esperança dentro de nós, ninguém poderá destruir-nos.

— *Tania Castelliano*

Bibliografia

ALVIM, Silveira. *A arte de falar em público,* Ed. Saraiva.

BACH, Richard. *Fernão Capelo Gaivota,* São Paulo, Ed. Nórdica.

——. *Ilusões,* Ed. Record.

BINSTOCK, Louis. *O poder da maturidade,* Ed. Record.

BLOCH, Pedro. *Falar bem é viver melhor,* Ed. Nórdica.

——. *Você quer falar melhor,* Ed. Nórdica.

BRANDI, Souza Mello Edmmé. *Educação da voz falada,* Ed. Ateneu.

BUSCAGLIA, Leo. *Assumindo sua personalidade,* Ed. Record.

——. *Vivendo, amando e aprendendo,* Ed. Record.

CALDWELL, Taylor. *Pilar de ferro,* Ed. Melhoramentos.

CARNEGIE, Dale. *Como falar facilmente e influenciar pessoas nos negócios,* Ed. Dois Continentes.

——. *O líder em você,* Ed. Record.

ÉTICA — *Secretaria Municipal de Cultura,* Cia. das Artes.

FILHO, Pedro Paulo. *A revolução da palavra,* Ed. Siciliano.

FLETCHER, Leon. *Como falar como um profissional,* Ed. Record.

GOLEMAM, Daniel. *Inteligência emocional,* Ed. Objetiva.

HILL, Napoleon. *A lei do triunfo,* Ed. José Olympio.

J.A.S., Conselheiro. *Peço a palavra,* Ed. Getúlio Costa.

WESTLAND, Peter. *Aprenda sozinho a falar em público,* Ed. Pioneira.

MANDINO, Og. *O maior vendedor do mundo,* Ed. Record.

OLIVEIRA, Filho João. *A arte de falar em público,* Ed. Civilização Brasileira.

OLIVEIRA, Marques. *Como conquistar falando,* Ed. Tecnoprint.

PENTEADO, J. R. Whitaker. *Comunicação humana,* Ed. Pioneira.

POLITO, Reinaldo. *Como falar corretamente sem inibições,* Ed.Saraiva.

——. *Gestos e postura para falar melhor,* Ed. Saraiva.

ROBBINS, Anthony. *Desperte o gigante que há em você,* Ed. Record.

——. *Passos de gigante,* Ed. Record.

——. *O poder sem limites,* Ed. Best Seller.

SARTRE, Jean-Paul. *As palavras,* Ed. Nova Fronteira.

SCHWARTZ, David J. *A mágica de pensar grande,* Ed. Record.

SHINYASHIKI, Roberto. *Mistérios do coração,* Ed. Gente.

——. *Amar pode dar certo,* Ed. Gente.

VILELA, Teotônio, *A civilização do zebu e a civilização do basset,* Fundação Vilela.

Caso queira entrar em contato com Tania Castelliano, escreva para:

Av. Senador Rui Carneiro, 986
Clínica San Remo
Tambau — João Pessoa — PB
CEP.: 58029-970
Cx. Postal 3018
Fax: (083) 224-7647
Tel.: (083) 226-5053
226-4739

Impresso no Brasil pelo
Sistema Cameron da Divisão Gráfica da
DISTRIBUIDORA RECORD DE SERVIÇOS DE IMPRENSA S.A.
Rua Argentina 171 – Rio de Janeiro, RJ – 20921-380 – Tel.: 585-2000